JN096842

改訂版

伝承地でたどる

ヤマトタケルの足跡

・尾張・美濃・近江・伊勢

竹田繁良著

ヤマトタケルの物語

―『古事記』を中心として―

ヤマトタケルは『古事記』、『日本書紀』に書かれた伝説上の英雄といわれてます。古事記では「倭建命」、日本書紀では「日本武尊」と書きます。第十二代景行天皇の皇子で双子の弟。小《お》碓命《うすのみこと》またの名を倭《やまと》男《お》具《ぐ》那《な》命（オグナ＝少年）といいました。

西方討伐へ

大碓《おおうす》命が朝夕の会食に来なかった時、天皇は双子の弟・オグナ（小碓命）に「兄に会食に出るよう教え諭せ」と仰せになりました。ところがオグナは、説得するかわりに兄に乱暴を加えました。天皇はその荒々しい性格を恐れ、ヤマトに服従しない九州の熊《くま》曽《そ》建《たける》を討つよう命じました。

ヤマトタケルの名

九州に赴いたオグナは姨《おば》の倭姫《やまとひめ》からもらった衣《ころも》と裳《も》で美しく女装しました。その日はクマソタケル兄弟の新築祝い。家の周りを兵士が三重に囲み、厳重そのものです。

オグナはその宴にもぐりこみ、兄弟が乙女姿のオグナに心を奪われて酌をさせ、宴もたけなわになると、突然兄を殺してしまいます。続いて弟も手に掛けますが、死に臨み「あなたは一体誰なのですか」と尋ねられて「私はヤマトを治める景行天皇の皇子にして、ヤマトオグナという」と名のりました。「我われ兄弟にもまして、なんと勇猛な方であろう。私の『建《たける》』の名を献上したい。これからは倭建《やまとたける》と名のられよ」

そう言い終わった弟を、切り刻むようにして殺し、このときより「ヤマトタケル」と名のったのです。

出雲の国にて

出雲の国に入り、出雲建《いずもたける》と親交を結びます。イズモタケルと川遊びをし、川から上がると「刀を交換しよう」ともちかけ、交換した刀を腰に付けたうえで「試合をしよう」と誘いました。しかしイズモタケルに渡したのは、ひそかに作っておいた木の刀。これでは刀が抜ず、ヤマトタケルはイズモタケルを殺してしまいました。

やつめさす　出雲建が佩《は》ける刀《たち》
つづらさはまき　さ身《み》無しにあはれ

（訳）イズモタケルが腰に付けた刀は、鞘《さや》に葛《つづら》をたくさん巻いて見かけは立派だが、刀身がなくてああおかしい

東方征伐へ

西から帰るとすぐに、天皇から東方十二か国の荒々しい神や服従しない人々を平定するよう命じられました。

東国に行く途中、再び伊勢でヤマトヒメに会い「天皇は私に死ねとおっしゃっているのでしょうか。西の戦いの後、都に着いていくらも時が経たないのに、多くの兵士を付けて下さりもせず、さらに東国の平定にお遣わしになったのです」と泣き言をもらします。ヤマトヒメは天叢雲剣《あめのむらくものつるぎ》（のちに草薙剣《くさなぎのつるぎ》）と火打石の入った袋をヤマトタケルに授け、「もし緊急の事態になったらこの袋を開きなさい」と言いました。

ヤマトタケルは尾張の国に入ると、尾張氏の娘・宮《みや》簀《す》姫《ひめ》の家に入りました。姫と結婚しようと思いましたが、東征から帰った後にしようと約束をして東国へ向かいます。

草薙剣

相模《さがみ》の国では、国造《くにのみやつこ》がヤマトタケルを欺《あざむ》き、野に誘い出しました。そして火を放って殺そうとしますが、ヤマトタケルは、まず刀（天叢雲剣）で草を刈り払い、火打石で向かい火をつけて難を逃れました。

これが草薙《くさなぎ》剣の名の由来とされ、また、この事件から焼津《やいづ》という地名がついたといいます。

弟橘姫の献身

走水《はしりみず》（浦賀水道）の海を船で渡ろうとしたときのこと。嵐のために難破しそうになります。海を侮ったことで、海神の怒りを買ったのです。そのとき妃の弟橘姫《おとたちばなひめ》が自ら身代わりとなり、海に身を投じたことでその怒りは鎮まりました。

姫は次のような歌を詠みました。

さねさし　相模《さがむ》の小野に　燃ゆる火の
火中《ほなか》に立ちて　問ひし君はも

（訳①）相模の野に燃える火の、その火の中に立ち私を気遣ってくださった君よ

（訳②）相模の野の野焼きの際、火の中に立ち、私に愛を語って下さったあなた

（筆者注・訳①は、ヤマトタケルの話に即したもの。訳②は、この歌を野焼きの際の大衆歌謡として捉えた場合のもの）

吾妻よ…

ヤマトタケルは、さらに進んで荒ぶる蝦夷《えみし》や神々を平定し、帰路につきました。その途中、足柄の坂本で食事をしていると、そこに坂の神が白い鹿に姿を変えて立ちはだかりました。ヤマトタケルはすぐさま食べ残しの蒜《ひる》（食用のユリ科の草）を投げつけ、鹿の目に当てて殺してしまいました。

ヤマトタケルは坂の頂《いただき》から平定した東国を望み、オトタチバナヒメを偲《しの》んで、「吾が妻よ（あづま）」と三たび嘆いたそうです。それで東国は東《あづま》と呼ばれるようになったのです。

連歌の発祥

甲斐《かい》の酒折宮《さかおりのみや》では、ヤマトタケルがこれまでの東征をつくづく思い出して、火の番をする老人と歌のやり取りをします。

新治《にひばり》　筑波《つくは》を過ぎて　幾夜か寝つる

（訳）常陸《ひたち》の新治や筑波の地を経巡って、幾晩寝た（幾日経った）のであろうか

と詠んだヤマトタケルの歌に

かがなべて　夜には九夜《ここのよ》
日には十日を

（訳）日数を重ねて、十日、九夜を過ごされましたなあ

と下句を付けた老人を、東の国造に任命したといいます。

ミヤスヒメとの結婚と草薙剣

尾張に帰還したヤマトタケルは、約束どおり宮簀姫《みやすひめ》と結婚しました。一か月余りの幸福な日々も束の間、伊吹山《いぶきやま》に荒ぶる神がいるという知らせを聞き、草薙剣を姫に託すと、戦いのために出発しました。

今、この草薙剣を祀っているのが熱田《あつた》神宮です。

伊吹山の神との戦い

伊吹山の神は、大きな白い猪（『記』）あるいは大蛇（『紀』）だといいます。ヤマトタケルはこれを神の使いだと侮《あなど》ったため、戦いに敗れ病気になってしまいます。神の使いだと思っていたのが、実は神そのものだったのです。

病身のヤマトタケルは玉倉部《たまくらべ》（岐阜県関ヶ原町）の清泉《しみず》で正気づきましたが、足の病気は治りません。それでも重い足取りで伊勢の国の方へ向かい、当芸《たぎ》、杖衝坂《つえつきざか》、尾《お》津《つ》、三重を経てやっとのことで能煩《のぼ》野《の》にたどり着きました。

ヤマトタケルの死と白鳥伝説

倭《やまと》は　国のまほろば　たたなづく　青垣《あおかき》
　山隠《やまごも》れる　倭しうるはし

（訳）　大和国は国々の中でも優れてよいところ。重なるように、青い垣をめぐらせたような山々、それに囲まれた倭は、ああ美しい

たどり着いた能煩野でヤマトタケルは、いくつかの歌を残して亡くなります。妃や皇子たちがヤマトから能煩野へやって来て、この地に墓を造りますが、その魂は白鳥となってヤマトの方へ飛び去りました。

白鳥が琴弾原《ことひきのはら》という所に舞い降りたので、そこにも墓を造ります（『紀』）。白鳥はさらに河内に向けて飛び、河内にも墓が造られましたが、ついには天高く舞い上がってゆきました。これが白鳥伝説のいわれです。

ヤマトタケルと伊吹山の神（白い猪）**の銅像**
（滋賀県米原市春照 1910-1）

夕焼けに染まる伊吹山と木曽川

伊吹山頂の日本武尊像

南面して立つ石像は、岐阜県の石工の製作で滋賀県米原市草野の有志が運び上げ、明治45年6月、愛知県御嶽照王《おんたけしょうおう》会が建立した。伊吹山の神の身になってみれば、自分と敵対したヤマトタケルの像が頂に立つのは複雑な思いであろう。石像の石の土台は自然劣化により壊れ、現在は新たな土台の上に立つ。古い土台は現在、米原市伊吹山文化資料館に展示されている。（滋賀県米原市上野）

加佐登神社の「日本武尊」石像

石像背面右側の足元には、「昭和五十五年（一九八〇）十二月吉日」と刻まれている。近在の女性彫刻家の手になるものである。（三重県鈴鹿市加佐登町 2010）

日本武尊

伊吹山戦役の足跡と直接関係はなく、本書の趣旨からは外れるが、大府市の熱田神社の境内の像を紹介したい。地元、大府市大東町の彫刻家・鬼頭正信氏の作で、「子丑《ねうし》会」（または「厄年の会」・昭和23、4年生まれの厄年の人たち）が昭和64年に建立した。青銅製。（愛知県大府市朝日町4）

日本武尊像（木彫り）〔非公開〕

大正９年、泉亮之《すけゆき》作。泉亮之は、天保９年（1838）に米原市番場に生まれた。『蟾亭《せんてい》』（蟾はヒキガエル）と号し、髑髏《どくろ》やガマなどの彫刻を得意とした。この像、もとは高原ホテル北側の遭難の地にある小さな祠に納められていたようだが、現在は麓で保管されている。「白山神社から下ろした」との伝承があり、いったん二合目に移されていたようである。亮之は制作にあたり全国のヤマトタケル像を見て歩き、金沢兼六園の像からイメージをふくらませたと伝わる。

（醒井木彫《もくちょう》美術館　滋賀県米原市醒井９５）

加佐登神社の絵馬

明治 36 年（1903）の絵馬で、奉納者は「名古屋駅有志」として大勢の名が記されている。外枠の漆塗りの部分は経年劣化が激しいが、絵は岩絵の具を使用しているためか、今もなお生き生きとした色彩である。ヤマトタケルが若い頃、女装してクマソタケルを倒したくだりが描かれている。縦 105.7 センチ、横 181.5 センチ。蘭齋頴《らんさいえい》作。（三重県鈴鹿市加佐登町 2010）

野中古墳出土甲冑レプリカ（実物は大阪大学考古学研究室蔵）

古代の武人はこんな格好をしていた。
（写真：藤井寺市教育委員会掲載許可）

津堂城山古墳出土水鳥形埴輪

古墳の内濠に島があり、そこから出土したもの。ヤマトタケルの白鳥伝説から、この古墳が彼の陵かもしれない。（P150 参照）
（写真：藤井寺市教育委員会提供）

目次

巻頭口絵
ヤマトタケルの物語 ―『古事記』を中心として― 2

はじめに 14
ヤマトタケルの足跡（想定図） 16
ヤマトタケル関連系譜 18
ヤマトタケルの妻子 19
史料に見るヤマトタケル略年譜 20

プロローグ
ヤマトタケルは実在したか 24
ヤマトタケルはいつごろの人物か 24
出発から伊吹山まで ―当時の濃尾平野の海岸線 25
【地図】年魚市潟とその周辺 27

第一章　尾張編
古代尾張の概観 30
尾張とヤマトタケル 31
【地図】尾張地区 33
❶「宮簀媛命宅趾」石碑 …… 34
❷熱田神宮 …… 36
❸船津神社 …… 38
❹日本武尊腰掛岩・七所社 …… 40
❺萱津神社・香の物殿 …… 42
❻七つ石 …… 44
❼笠懸の松（下り松）・熱田社 …… 46
❽中嶋宮 …… 48
❾祖父江町山崎地区・熱田社 …… 50

第二章　西濃編
ヤマトタケルの方向転換と美濃での進路 54

伊久良河宮跡と座倉 55
【地図】西濃地区 57
⑩蛇穴の大蛇・御霊神社……58
⑪阿遅加神社……60
⑫御船代石・天神神社（伊久良河宮跡）……62
⑬白鳥神社（池田町）……64
⑭神明神社……66
⑮金地越（梅谷越）……68

第三章　伊吹山編

伊吹山の戦い 72
伊吹山とは 73　伊吹山の神 73
ヤマトタケルが戦った相手とは 75
コラム「いぶき神社」76
【地図】伊吹山周辺 79
⑯逆さ杉・杖立明神……80
⑰雲雀山……82
⑱佐五地池……84
⑲日本武尊遭難の地……86
コラム「伊吹山と製鉄遺構」88
コラム「兄・大碓皇子」90

第四章　伊勢路編

居寤の清泉から「当芸の野の上」92
伊吹山ののち尾張に帰ったのか 93
【地図】伊勢路・東近江 94
⑳日本武尊居寤清水……96
コラム「居寤の清泉」98
㉑桜の井・白鳥神社（桜井）……102
㉒杖突坂……104
㉓大上宮（大将神社）……106
コラム「近江のヤマトタケル」108

第五章　北勢編

三重の勾の如くして 112

金属産業に関わる多度大社 112
【地図】北勢地区 115
コラム「三つの尾津神社（草薙神社）」 116
㉔平群神社 118
㉕足洗池 120
㉖玉葛水 122
㉗足見田神社 124
㉘杖衝坂 126

第六章　御陵編

能煩野 136
【地図】能煩野（鈴鹿付近） 130
【地図】白鳥陵の候補地（藤井寺市周辺） 132
㉙加佐登神社 134
㉚白鳥古墳 136
㉛長瀬神社・武備塚 138
コラム「能褒野の墓」 140
コラム「日本武尊白鳥陵 ～ヤマト～」 142
コラム「日本武尊白鳥陵 ～河内～」 143

エピローグ

白鳥伝説のその後 146
ヤマトタケルを偲んで 146
㉜大鳥神社（大鳥大社） 148
「景行天皇綺宮宮趾」石碑 150
讃岐の白鳥神社 151
あとがき 152
参考文献 153

はじめに

ヤマトタケルは実在したのか。なぜ伊吹山に向かったのか。どのようなルートを通ったのか。伊吹山の神とは何だったのか。そして白鳥となって倭《やまと》・河内へ飛び立った伝説の真意とは——。

江戸時代の国学者や近代の歴史・文学研究者が追い求めた古代の英雄の実像。ヤマトタケルは今なお多くの人びとに愛される古代のスーパースターです。白鳥陵と呼ばれる三か所のお墓をはじめ、ゆかりの地とされる場所は全国各地にあります。

その名は『古事記』(七一二)では「倭建命」と、『日本書紀』(七二〇)では「日本武尊」と書かれています。江戸時代、本居宣長《もとおりのりなが》は著書『古事記伝』の中で「ヤマトタケノミコト」と読んでいます。

『古事記』では、日本中を切り従えた後、尾張で伊吹山に荒ぶる神がいることを聞き、大切な草薙剣《くさなぎのつるぎ》をミヤスヒメに預けて、素手で討伐に向かいます。山中で「白猪」(伊吹山の神)と出会い、これを「神の使い」と見誤って挑発的な言葉を吐きます。怒った伊吹山の神から氷雨を受けて打ち惑わされ、山麓の清水で覚醒はするものの、ヤマトへ帰る途中、能煩野《のぼの》で亡くなってしまいます。埋葬されたヤマトタケルは、白鳥となってヤマトへ、そして河内へ飛び立ちました。

この本では、今ごく簡単に述べたように、ヤマトタケルがミヤスヒメの館（愛知県名古屋市緑区）を出発して、伊吹山（岐阜県から滋賀県にかけて）で戦い、能煩野（三重県鈴鹿市及び亀山市の一部）で亡くなるまで、どのような経路をとったのかをみていきます。その道のりは、ミヤスヒメの館から伊吹山まで約一〇〇キロ。伊吹山から能煩野まで約一〇〇キロ。この合計約二〇〇キロを主眼に置きます。ただしこのルート上にない伝承も当然あるので、それらも含めてみていきたいと思います。

思えば高校生の頃、古文の授業で『古事記』に登場するヤマトタケルを習い、その記述にヤマトタケルの実在を信じた私でした。いつかその足跡をたどってみたいと考えつつ、東京で約二〇年間仕事や雑事に追われ、時間を過ごしてしまいました。愛知県の実家に戻り、やっと念願がかなってその足跡を歩き始めて六年。多くの写真もカメラに収め、なんとなくヤマトタケルの足跡が見えてきた今日この頃です。この成果を世に問うべきだと、多くの方々から励ましを頂き、勇気を出して筆を執ることにしました。拙著に最後までお付き合い下されば幸いです。

ヤマトタケルの足跡
（想定図）

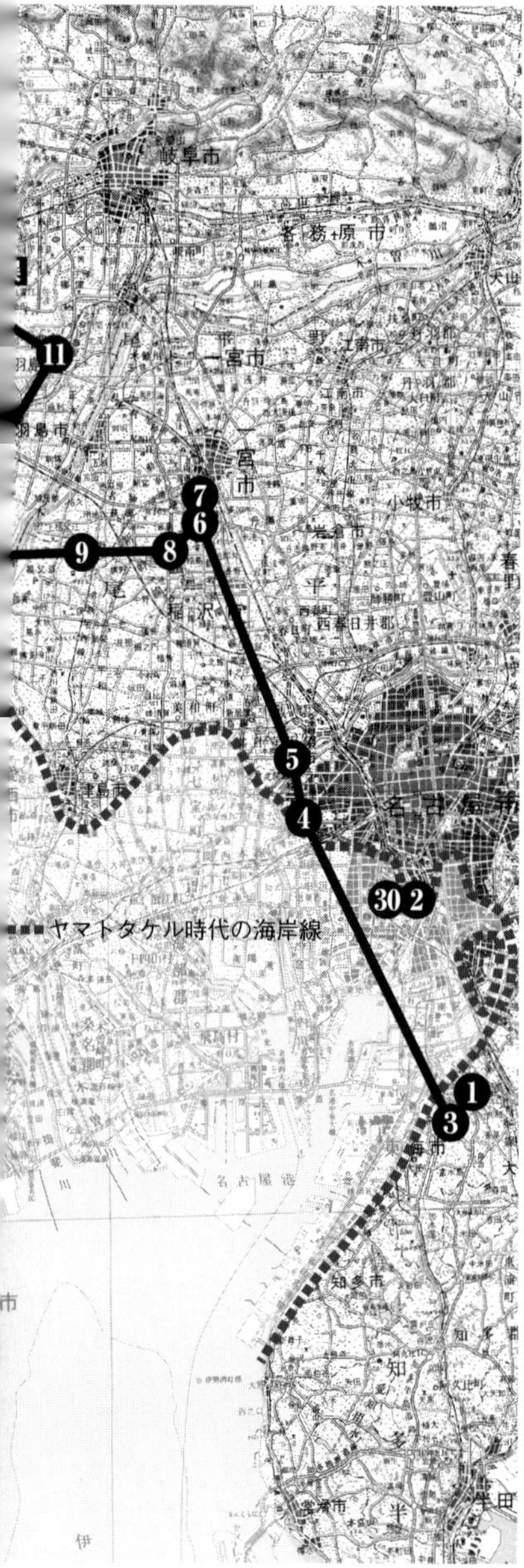

❶「宮簀媛命宅跡」石碑
❷熱田神宮
❸船津神社
❹日本武尊腰掛岩・七所社
❺萱津神社・香の物殿
❻七つ石
❼笠懸の松（下り松）・熱田社
❽中嶋宮
❾祖父江町山崎地区・熱田社
❿蛇穴の大蛇・御霊神社
⓫阿遅加神社
⓬御船代石・天神神社（伊久良河宮跡）
⓭白鳥神社（池田町）
⓮神明神社
⓯金地越（梅谷越）
⓰逆さ杉・杖立明神
⓱雲雀山
⓲佐五地池
⓳日本武尊遭難の地
⓴日本武尊居寤清泉
㉑桜の井・白鳥神社
㉒杖突坂
㉓大上宮（大将神社）
㉔平群神社
㉕足洗池
㉖玉葛水
㉗足見田神社
㉘杖衝坂
㉙加佐登神社
㉚白鳥古墳
㉛長瀬神社・武備塚

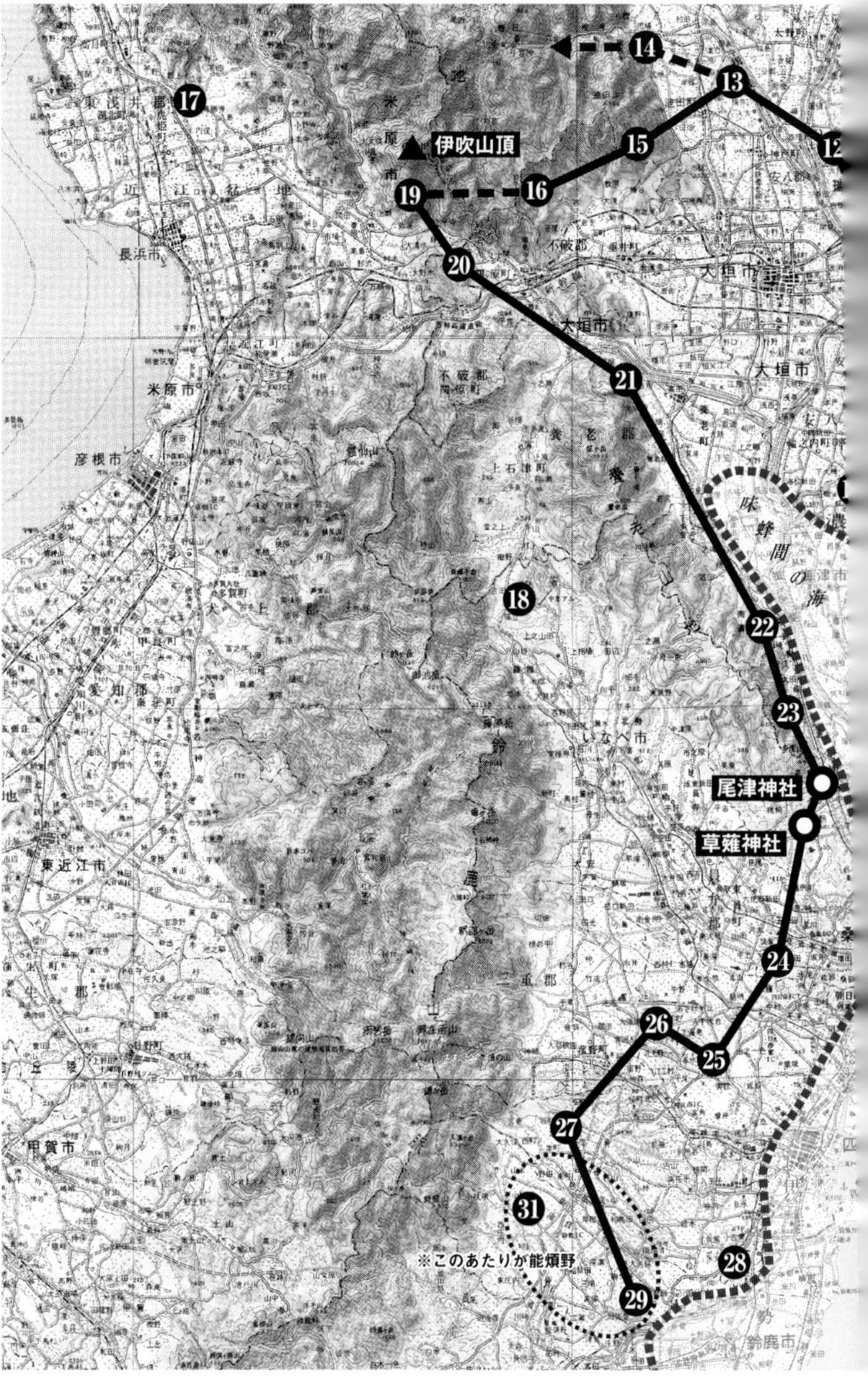
伊吹山頂
尾津神社
草薙神社
※このあたりが能煩野
味蜂間の海
長浜市
米原市
彦根市
東近江市
甲賀市
大垣市
いなべ市
鈴鹿市
12
13
14
15
16
17
18
19
20
21
22
23
24
25
26
27
28
29
31

ヤマトタケル(日本武尊)関連系譜　＊『日本書紀』を元に作成

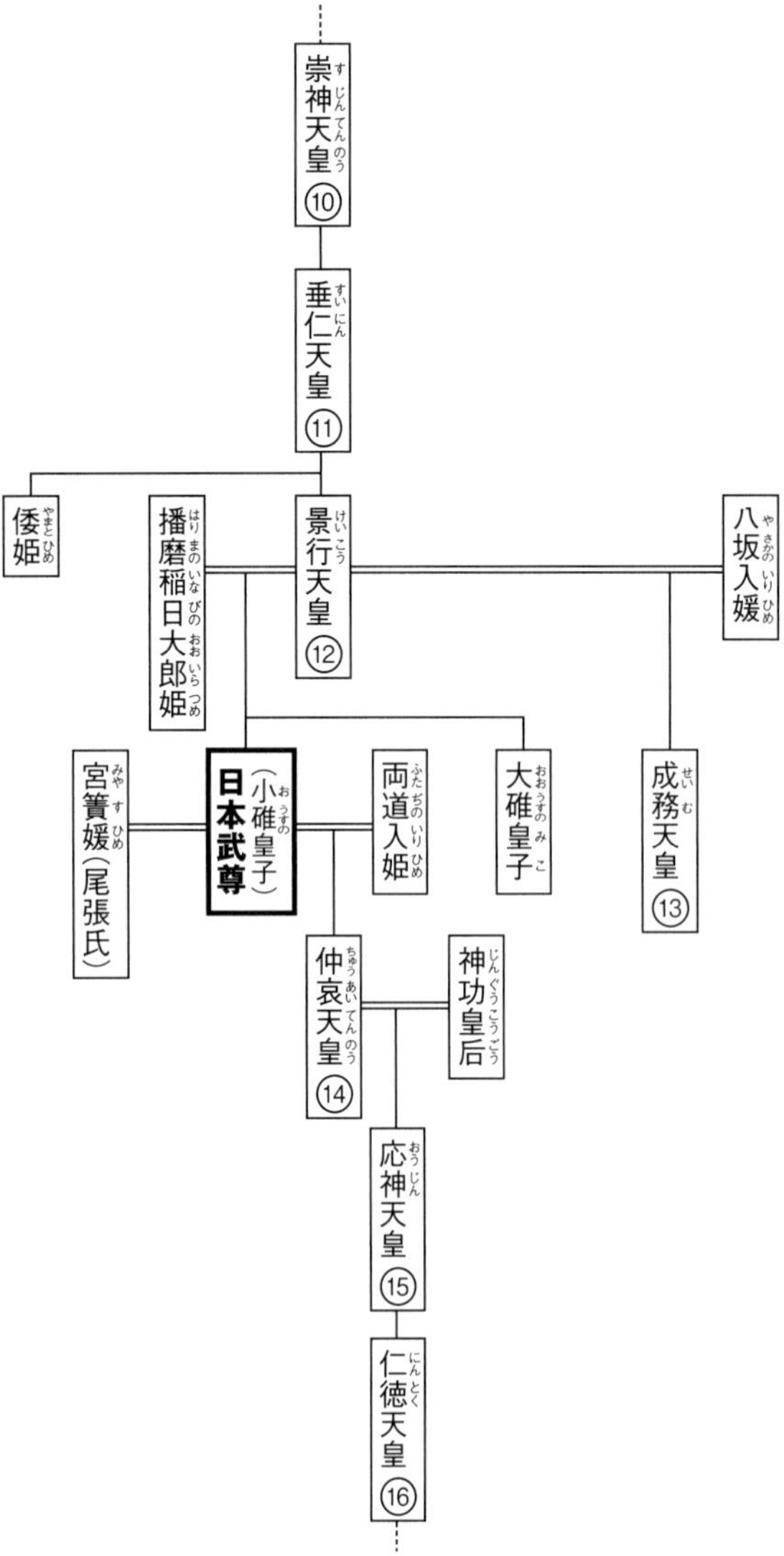

ヤマトタケルの妻子

『古事記』より

妻			子
順位	名	出自・親族関係	
正妃	布多遅能伊理毘売命《ふたぢのいりびめのみこと》	伊玖米天皇《いくめのすめらみこと》（垂仁《すいにん》天皇）	帯中津日子《たらしなかつひこ》命（仲哀《ちゅうあい》天皇）
第二	弟橘《おとたちばな》比売《ひめ》命		若建王《わかたけるのみこ》
第三	布多遅《ふたぢ》比売	近淡海《ちかつあふみ》の安国造《やすのくにのみやつこ》の祖《おや》・意富多牟和気《おほたむわけ》	稲依別《いなよりわけ》王
第四	大吉備建《おほきびたけ》比売	吉備臣建日子《きびのおみたけひこ》の妹《いも》	建貝児《たけかひこ》王
第五	玖玖麻毛理《くくまもり》比売	山代《やましろ》	足鏡別《あしかがみわけ》王
第六	一妻《あるみめ》［名を記せず］	息長氏《おきながし》	息長田別《おきながたわけ》王
第七	美夜受《みやず》比売	尾張国造《をはりのくにのみやつこ》の祖	

『日本書紀』より

妻			子
順位	名	出自・親族関係	
正妃	両道入姫皇女《ふたぢのいりびめのひめみこ》	垂仁天皇	稲依別《いなよりわけ》王（犬上君《いぬがみのきみ》・建部《たけるべ》君の始祖《はじめのおや》） 足仲彦天皇《たらしなかつひこのすめらみこと》（仲哀天皇） 布忍入姫《ぬのしいりびめ》命 稚武《わかたけ》王
第二	吉備穴戸武媛《きびのあなとのたけひめ》	吉備武彦《きびのたけひこ》の女《むすめ》	武卵《たけかひご》王（讃岐綾《さぬきのあや》君の始祖） 十城別《とをきわけ》王（伊豫別《いよのわけ》君の始祖）
第三	弟橘媛	穂積氏《ほづみのうぢ》・忍山宿祢《おしやまのすくね》の女	稚武彦《わかたけひこ》王
第四	宮簀《みやす》媛	尾張氏《をはりのうぢ》の女	

尾張《おわり》氏の系譜（『先代旧事本紀』より）

天火明命《あめのほあかりのみこと》―①天香語山《あまのかごやま》命―②天村雲《あめのむらくも》命―③天忍人《あめのおしひと》命―④天戸目《あめのとめ》命―⑤建斗米《たけとめ》命―⑥建《たけ》田背《たせ》命―⑦建諸隅《たけもろずみ》命―⑧倭得玉彦《やまとのえたまひこ》命―⑨玉勝山代根古《たまかつやましろねこ》命―⑩淡夜別《あわよわけ》命―⑪乎止與《おとよ》命―⑫建稲種《たけいなだね》命―⑬尻綱根《しりつなね》命―⑭尾治弟彦《おわりいろとひこ》連―⑮尾治金連《かねのむらじ》―⑯尾治坂合《さかあい》連―⑰尾治佐迷《さめ》連―⑱尾治乙訓與止《おとくによと》連

史料に見るヤマトタケル略年譜　＊主として『日本書紀』より作成

とき	できごと
景行天皇２年３月３日	景行天皇、播磨稲日大郎姫《はりまのいなびのおおいらつめ》を皇后とする
	小碓尊《おうすのみとこ》（日本童男《やまとおぐな》）誕生
27年10月13日	クマソタケル討伐を命ぜられる（16歳）
12月	日本童男、クマソタケルを討ち、日本武尊《やまとたける》と名を改める
	イズモタケルを討伐（『古事記』）
40年７月16日	東国の平定を命ぜられる
10月２日	倭を出発
	伊勢神宮
	尾張（『古事記』）
41年？	尾張から東征に向かう
42年？	東征から尾張に帰り、ミヤスヒメと結婚
	伊吹山に向かう
	伊吹山の戦い・敗北
	尾張に帰る（『日本書紀』）
43年	能褒野《のぼの》で亡くなる（30歳）
53年12月	景行天皇、伊勢の綺宮《かにはたのみや》にとどまる
文武天皇大宝２年（702）８月８日	「倭建命の墓《つか》に震《しん》す」（『続日本紀』）

この表からわかるように、『日本書紀』の記述では単純計算で年齢を割り出せないことが多い。

例えば、景行天皇27年－同２年＝25年となり、16歳とはならない。

また、同43年－同２年＝41年となり、ヤマトタケルは30歳で亡くなったことにはならない。

さらに、同43年－同27年＝16年なので、30歳－16年＝14歳となり16歳と矛盾する。

このことが『日本書紀』の大きな謎となっている。

凡例

一、ヤマトタケルの伝承地に直接関係ない場所には、※印を付した。

二、祭神・人名・地名等は、各地に即して記したため、統一を欠くことがある。ただし読みやすさを考慮し、片仮名を用いた部分がある。また、読みについては地元で呼び慣れたものを最優先することとし、次いで辞典などで確認できるもの、それ以外は慣例によった。

三、神名については、次のように読み仮名を振った。「天火明命」（あめのほあかりのみこと）を例にとると、初出では「天《あめの》火《ほ》明命《あかりのみこと》」とし、「命」（「尊」も同様）の読みが明らかなときは「のみこと」の部分を省略して「天《あめの》火《ほ》明《あかり》命」とした。

四、伝承地は、平成二十三年八月一日現在の地名に基づいて表記したが、不明だったり関係者の要望により、町名までで止めた箇所がある。

五、本書で使用した地図は、国土地理院長の承認を得て、同院発行の二〇万分の一地勢図、五万分の一地形図及び二万五千分の一地形図を複製したものである。（承認番号　平23情複、第632号）

六、社格について、「式内社」「村社」などには「旧」を付すべきところ、敢えて「旧」を省略した。

七、『古事記』『日本書紀』は、それぞれを略して『記』『紀』、あわせて『記紀』とした。

八、「アクセス」は原則として標題の項目の所在地を示した。

九、写真は断りのない限り筆者が平成二十年四月から同二十三年十二月の間に撮影したものである。それ以外のものについては提供者名などを適宜明記した。

十、各伝承地の「アクセス」に示した略地図上の★印は当該地点を示す。また、略地図の範囲内に掲載可能な「チェックポイント」を❗として示した。

プロローグ

ヤマトタケルは実在したか

ヤマトタケルの名をご存知の方は多いと思うが、彼は神話上の、あるいは伝説上の人物だという考えの方が大半ではないだろうか。

ヤマトタケルとはヤマトの英雄という意味であり、固有名詞ではなく、ヤマトの複数の英雄たちを物語的に総合したもの、ということで日本史の学説は一応落ち着いているようである。言い方を変えると、ヤマトタケルという人物は、ヤマト政権拡大の過程で活躍した人たちを一個の人物に組み立てたもので、史実とは食い違う点がかなり多い、ということになる。

しかし、ヤマトタケルが存在しなかったという証明は不可能であるとともに、その伝承や彼を祀る神社が数多く存在していることも、まぎれもない事実であろう。そこで各地の伝承をできるだけ多く集めて検討することで、その実像が見えては来ないだろうか、と私は考えた。

本書が伝承地の紹介という体裁をとっているのも、そのためである。

ヤマトタケルはいつごろの人物か

ヤマトタケルが存在したと仮定して、では、いつごろの人物だったかということは、大きな問題である。『日本書紀』をもとに私なりに割り出してみると、「西暦三五一～三八〇年」ということになった。本書はこれにしたがって進めることとする。ただし算出方法は、紙面の関係上、また本書の性格上、割愛せざるを得ないと判断した。後日、改めて発表したいと考えている。またヤマトタケルは天皇ではなかったか、という論点についても同様である。

出発から伊吹山まで——当時の濃尾平野の海岸線

濃尾平野は、新第三紀の末頃、西を養老山地の断層で限られ、西に低く東に高まる傾動運動でつくられた断層盆地が原形で、この頃はまだ平野部は海だった。後代の想像によったと思われるが、「猿投神社の古図」にはそのようすが描かれている。その後、幾たびかの隆起運動と、木曽川をはじめとする河川から運ばれてくる土砂によって沖積平野が形成された。

そのため非常に大雑把に言えば、東から流れてきた河川は養老山地に塞《せ》き止められ、その流れを南に転ずる。古代においては養老山地東麓の低地の部分は、海を形成していた。この海のことを「味蜂間《あはちま》の海」と呼ぶことがある。これは味蜂間郡（安八郡《あんぱちぐん》）から付けられた名称である。

古代すなわちヤマトタケルがいた時代の濃尾平野の海岸線は、どういうようすだったのか。

考古学的成果や、財団法人日本地図センター発行の「1:25,000デジタル標高地形図『名古屋』『濃尾平野西部』」で低地部分となっている所が古代は海だったと考えると、昔の記述、伝承、古墳や遺跡の分布に合致することがわかる。

ヤマトタケルの行程は地理的条件に当然左右されるし、伊吹山までの大部分は船を使用したとの説もあるから、おおまかにでも把握する必要がある。

確かに味蜂間の海を船で一気に伊吹山まで行けば、時間の短縮や戦時物資の輸送には好都合である。この説を採用する人も多い。もし仮に、ヤマトタケルが味蜂間の海を一気に船で伊吹山に向かったのならば、味蜂間の海の北部のどこかに着岸したという伝承があってもよいだろう。しかしそういった伝承は見出せず、また上陸地点から伊吹山への道のりらしき伝承も見出せなかった。それに反して、16〜17頁に示したような陸路をとったと思われる伝承が数多く浮上してきたのである。

ただし、ミヤスヒメの館から伊吹山までのヤマトタケルの足跡について、『古事記』『日本書紀』は何も語っていない。

【地図】年魚市潟とその周辺

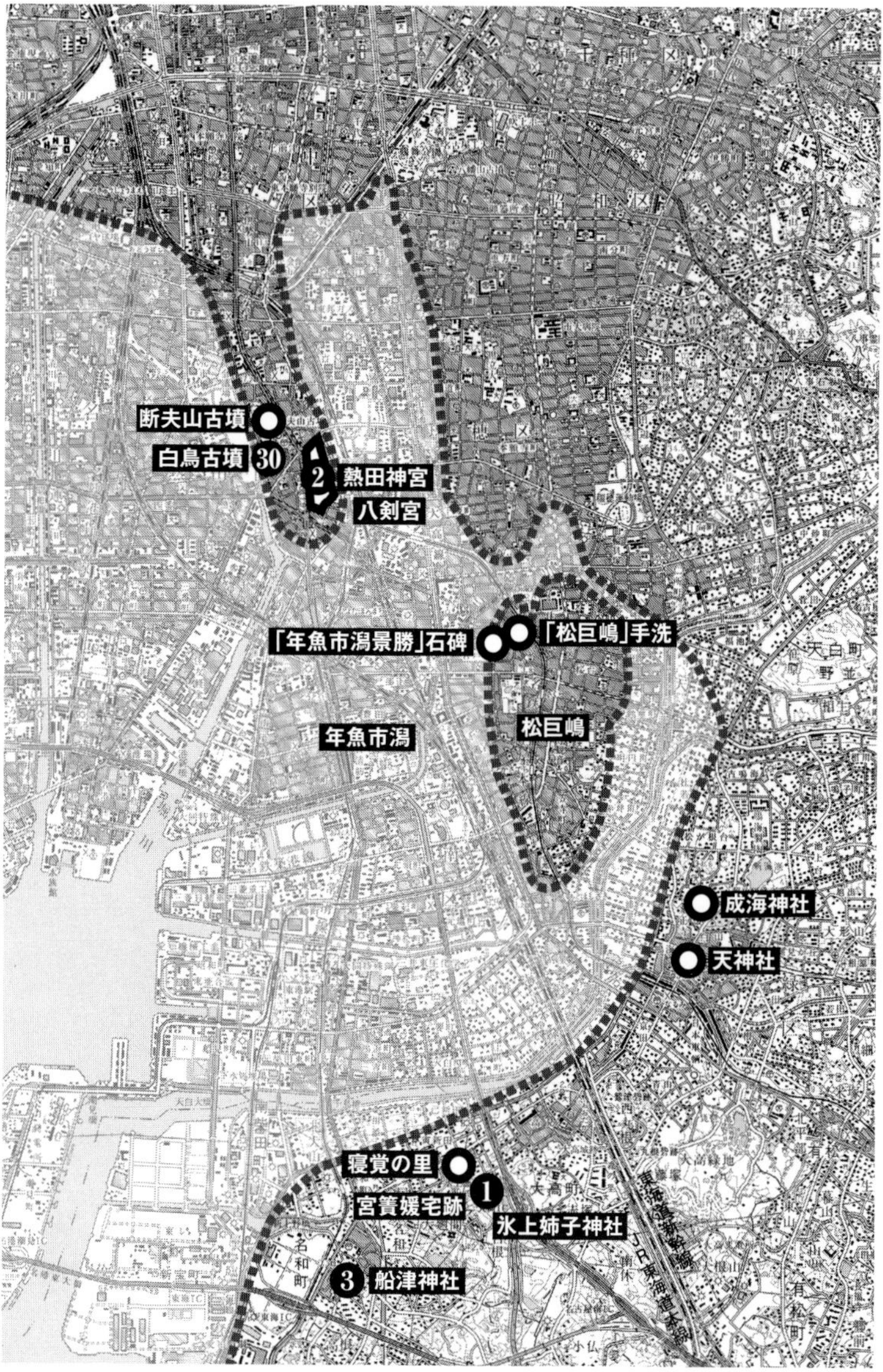

「年魚市潟《あゆちがた》景勝」石碑

「年魚市潟景勝」石碑は曹洞宗・白毫寺《びゃくごうじ》の境内にあり、このあたりは昔「松巨島《まつこじま》（松巨嶋、松炬島などとも書く）」という島であった。そしてすぐ西側には海が迫っていた。現在の名古屋市近辺の遠浅の海のことを「年魚市潟」と呼んでいた。愛知という地名は、この年魚市潟からきている。古代この周辺は遠浅の海で、干潮のときは水底が露出していたかもしれず、あるいは葦などが茂る潟であったかもしれない。沿岸部では、弥生時代から製塩が行われており、尾張氏が沿岸部へ本拠地を移し力をつけたのも、塩のおかげといえるかもしれない。

〔名古屋市指定名勝〕

（愛知県名古屋市南区岩戸町 7-19）　Ⓟあり

「松巨嶋《まつこじま》」銘・手洗

旧東海道に面したここ熊野三社には、「松巨嶋」と刻まれた手洗がある。祭神は、伊邪那《いざな》岐《ぎ》伊邪那美《いざなみ》尊、事解之男《ことさかのを》神、熊野速玉《くまのはやたま》命。手洗の裏には「明和三丙戌《ひのえいぬの》歳五月吉辰　願主三宅徳左衛門年定」と刻まれており、江戸時代中期の明和３年（1766）には「松巨嶋」の名称が意識されていたことがうかがえる。

（愛知県名古屋市南区呼続 6-33）　Ⓟなし

第一章 尾張編

❶「宮簀媛命宅趾」石碑
❷ 熱田神宮
❸ 船津神社
❹ 日本武尊腰掛岩・七所社
❺ 萱津神社・香の物殿
❻ 七つ石
❼ 笠懸の松（下り松）・熱田社
❽ 中嶋宮
❾ 祖父江町山崎地区・熱田社

古代尾張の概観

ヤマトタケルは尾張と深い関係がある。その東征には、尾張氏の建稲種命《たけいなだね》の寄与するところが大きい。また伊吹山に向かう際、常に身に帯びていた草薙剣をミヤスヒメに託したこと、また三種の神器の一つである草薙剣が、熱田神宮のご神体となっていることをみても、尾張氏とのひとかたならぬ関係がうかがえる。

そこでまず、この頃の尾張がどのような状況であったかを概観する。

尾張氏の系譜は、『先代旧事本紀《せんだいくじほんぎ》（旧事紀《くじき》）』に記されており、天火明命《あめのほあかり》を祖とする。ほあかりとは、「ほ」が赤くなるという意味で、稲穂に対する尊称であろうとされる。

尾張氏十一世の孫、乎止与《おとよ》命は、尾張大印岐女子真敷刀俾《おおいなぎのむすめましきとべ》を妻とし、一男をもうけたという。この一男というのが尾張氏十二世の孫、建稲種命である。建稲種は邇波縣君祖《にわのあがたのきみのそ》大荒田女子玉姫《おおあらたのむすめたまひめ》を妻とし、二男四女をもうけた。そして船を提供するなどしてヤマトタケルの東征に協力し、自らも東征に参加するが、帰途、海難に遭《あ》い亡くなる。愛知県春日井市の旧式内社・内々《うつつ》神社の名称は、ヤマトタケルが建稲種の死を知ったとき「現《うつつ》なるかな」と嘆いたことから、その名前がついたといい、「建稲種命」を祀る。東征から尾張に帰ったヤマトタケルは建稲種の妹、ミヤスヒメと結婚した。

もともと尾張氏の出身地については、さまざまな説がある。ヤマトの葛城《かつらぎ》地方の高尾張が出身地であり、その地名から尾張氏を名乗ったとする説がある。また一方に、尾張の内陸部を発祥地とする尾張氏が、乎止与の頃から沿海部である火上《ひかみ》に進出し、沼沢の干拓や塩の精製などの開発に伴って力を蓄えていったのではないかとする説もある。

乎止与の子である建稲種が、尾張を起点としてヤマトタケルに従軍していることからも、建稲種の代には、今の名古屋市沿岸部は、尾張の中心地としての様相を整えていたことがわかる。それを裏付けるように、ミヤスヒメは火上《ひかみ》の館で父親の乎止与と暮らしていたといわれる。その場所は火上山頂近くの、氷上姉子《ひかみあねご》神社（名古屋市緑区）の元宮《もとみや》の地である。

のちの律令時代の尾張国は、中島《なかしま》（中嶋）、海部《あま》、葉栗《はぐり》、丹羽《にわ》、春部《かすがべ》（春日部）、山田、愛智（愛知）、智多《ちた》（知多）の八郡からなっていた。律令国家は、その支配の及んだ地域を国・郡・里という行政単位にまとめられた。

尾張とヤマトタケル

尾張でゆっくりとした日々を過ごしていたヤマトタケルは、伊吹山に荒ぶる神がいるという話を聞き、急いで出発する。「熱田神宮史料」によると、その際、草薙剣をミヤスヒメに託し、ヤマトへ帰ったらヒメを迎えることを約束している。また草薙剣を手放すことを、大伴武日《おおとものたけひ》が止めたという話も伝わる。

『尾張国風土記』逸文によれば「尾張」という名称は、ヤマトタケルが東征から帰り、スサノオがヤマタノオロチの尾を割ったときに出た草薙剣（天叢雲剣）を熱田神宮に祀ることになったので尾張とついたという。出雲の話と尾張とが結び付けられており、にわかに信じがたくも興味深い話ではある。

愛知郡は『倭名類聚鈔《わみょうるいじゅしょう》』（『和名抄《わみょうしょう》』と略す）などでは愛智郡と書かれているが、もともとは「あゆち」

と呼んだ。尾張氏が本拠とした尾張南部の伊勢湾岸近くは、遠浅の潟になっており、「年魚市潟《あゆちがた》」と呼ばれていたことはすでに述べた（28頁）とおりである。

参考として、木曽三川の現在のデータを示す。

木曽川・幹川流路延長　二二九キロメートル
　流域面積　五、二七五平方キロメートル
　河川勾配　1/500～1/5,000
長良川・幹川流路延長　一六六キロメートル
　流域面積　一、九八五平方キロメートル
　河川勾配　1/500～1/5,000
揖斐川・幹川流路延長　一二一キロメートル
　流域面積　一、八四〇平方キロメートル
　河川勾配　1/300～1/7,000

（「木曽川水系河川整備基本方針」国土交通省河川局、平成十九年策定）

▲揖斐川の河口近く。ヤマトタケルの時代には、味蜂間の海の海岸はこのような風景であったかもしれない。

【地図】尾張地区

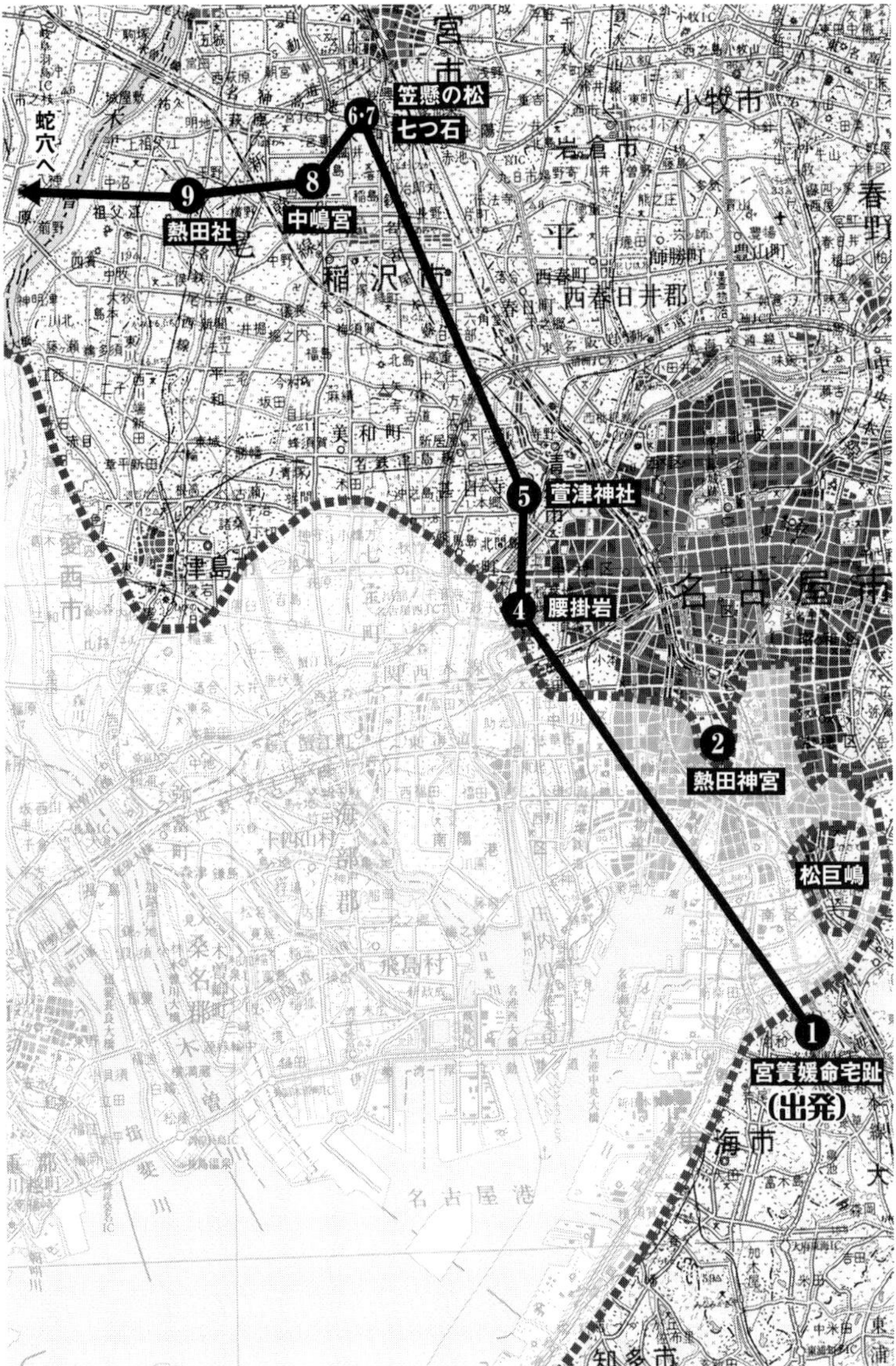
笠懸の松
6·7
七つ石
蛇穴へ
9
熱田社
8
中嶋宮
5
萱津神社
4
腰掛岩
2
熱田神宮
松巨嶋
1
宮簀媛命宅趾
(出発)
名古屋市
小牧市
岩倉市
稲沢市
西春日井郡
津島
愛西市
海部郡
桑名郡
飛島村
東海市
知多市
名古屋港

❶「宮簀媛《みやすひめ》命宅趾」石碑

ミヤスヒメの館は、火上山頂近く、氷上姉子神社の元宮の地にあった。現在は小さな祠とその右側に石碑がある。当時はその辺りに、尾張氏が居館を構えており、ミヤスヒメは父の乎止与《おとよ》と住んでいたという。ヤマトタケルは東征の後、ミヤスヒメとここで結婚する。この館の灯明は、夜、船が灯台代わりに、目印としていたとのことである。そのため昔はこの地を「火高火上《ほだかひかみ》」と称していたが、氷上姉子神社や周辺の民家の度重なる火災で、「火」の字を忌み嫌い、「大高氷上」と改めたといわれている。ヤマトタケルはミヤスヒメとの、ひと月余りの幸せな日々をここで過ごした。

そんなある日、伊吹山に荒ぶる神がいると聞いたヤマトタケルは、草薙剣《くさなぎのつるぎ》をミヤスヒメに預け、「京《みやこ》に戻ったら、迎えをよこす」という言葉を残して、伊吹山へと向かった。

アクセス

▶「宮簀媛命宅趾」石碑

名古屋市緑区大高町火上山
氷上姉子神社から徒歩5分

▶氷上姉子神社

名古屋市緑区大高町火上山1-3
JR東海道本線
「大高駅」徒歩20分（1.6km）
名鉄常滑線
「名和駅」徒歩30分（2.4km）
Ⓟあり

チェックポイント

◉氷上姉子神社《ひかみあねご》

ミヤスヒメ宅趾のすぐ近くにあり、社伝によると、祭神は宮簀《みやす》媛《ひめ》命。ヤマトタケルの子、仲哀《ちゅうあい》天皇四年（一九五）に創建された。創建当時は火上山頂近くの元宮の地にあったが、持統《じとう》天皇四年（六九〇）に現在の地に遷座している。

〔式内社、熱田神宮境外摂社〕

寝覚の里

ヤマトタケルが昼寝をしたという伝承がある。内陸部ヤマトに生まれた彼は、潮騒の音に悩まされることがあったという。（名古屋市緑区大高町中ノ島19）

❷熱田神宮

祭神は、熱田大神《あつたのおおかみ》。相殿《あいどの》に天照大神《あまてらすおおみかみ》、素盞嗚《すさのお》尊、日本武尊、宮簀媛《みやすひめ》命、建稲種《たけいなだね》命を祀る。熱田大神とは、＊草薙神剣《くさなぎのみつるぎ》を依代とする天照大神のことである。境内には本宮をはじめ、別宮一社、摂社八社、末社十九社が祀られている。境外にも摂社四社、末社十二社を数え、全て合わせて四十五社の社を祀っている。また熱田神宮は草薙神剣を御霊代として奉斎することから、刀剣類の収蔵が特に多く、名刀の宝庫ともいわれている。

ヤマトタケルの死後、年老いたミヤスヒメは、親族や親しい人たちを集め、草薙神剣を祀るべき所を話し合って決めた。その場所が現在の熱田神宮である。ヤマトタケルは熱田神宮から出発して、伊吹山へ向かったという話に接することがあるが、その時点では熱田神宮はまだ存在していない。

＊熱田神宮では「草薙神剣《くさなぎのみつるぎ》」と呼んでいる。

チェックポイント

◉別宮八剣宮

熱田神宮の別宮は八剣宮である。祭神は本宮と同じ。創建は和銅元年（七〇八）と伝え、元明《げんめい》天皇が命令して神剣を作らせ、これを納めたことに始まる。愛知県、岐阜県には、八剣と名の付く神社が多い。この八剣宮とのかかわりについては明らかではない。

アクセス

▶熱田神宮

名古屋市熱田区神宮1-1-1
地下鉄名城線
「神宮西駅」徒歩5分（0.4km）至「西門」
地下鉄名城線
「伝馬町駅」徒歩5分（0.35km）至「南門」
JR東海道本線
「熱田駅」徒歩7分（0.6km）至「勅使門」
名鉄「神宮前駅」
徒歩3分（0.22km）至「勅使門」
Ⓟあり

インフォメーション

▶熱田神宮

御祭神　熱田大神。相殿《あいどの》に天照大神、素盞嗚尊、日本武尊、宮簀媛命、建稲種命
創建等　およそ1900年前
社格　式内社、官幣大社、名神大《みょうじんたい》社《しゃ》、尾張国三宮

▶熱田神宮の別宮八剣宮

御祭神　本宮と同じ
社格　式内社
文化財等　熱田神宮文化殿には宝物館があり、収蔵品約6000点。国宝1件1点。重要文化財27件94点。県指定文化財49件81点。総数77件176点。

③ 船津《ふなつ》神社

ヤマトタケルの伊吹山への出発は、近辺の地形から考えて、船ではなかったかと考えられる。その場合、船津神社と成海神社が出発地の候補地と考えられる。船津神社が昔、湊《みなと》だったことは、その名称からもうかがえる。

「ヤマトタケルは東征の折に（伊勢から）着岸した」と社伝として伝わっている。

祭神は、塩土老翁《しおつちのおじのおきな》大神と建甕槌《たけみかづち》神で、船津山の丘陵縁を平らに削り取った形状のところに鎮座している。すぐ近くには、古墳時代から平安時代にかけての製塩遺跡がある。

このあたりは、古墳時代から塩の産地であった。そのため製塩土器が多く発掘されており、名古屋市南区の名古屋市見晴台考古資料館では、製塩土器の形態の変遷を見学できる。

チェックポイント

◉成海神社

祭神は、日本武尊、宮簀媛《みやすひめ》命、建《たけ》稲種《いなだね》命。創建は朱鳥《しゅちょう》元年（六八六）。ヤマトタケルは東征の帰りに、ここ（正確には「天神社」）から船出してミヤスヒメの館に向かったという。

（名古屋市緑区鳴海町乙子山《おとこやま》八五）

◉天神社《あまつかみしゃ》（成海神社の元宮）

現在の成海神社から南へ約五〇〇メートルのところに天神社（「御旅《おたび》所《しょ》」とも呼ばれている）があり、ここが成海神社の元宮である。伝承ではヤマトタケルはここから伊吹山に向けて船を出したともいう。桶狭間の戦いのとき、鳴海城はここにあった。

（名古屋市緑区鳴海町字城《しろ》二八）

アクセス

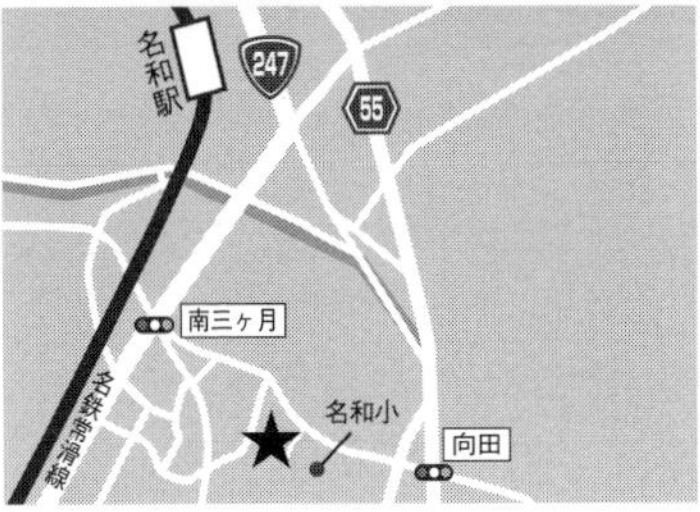

▶船津神社

愛知県東海市名和町《なわまち》船津1-1

名鉄常滑線

「名和駅」徒歩17分（1.3km）

Ⓟなし

インフォメーション

▶船津神社

御祭神　塩土老翁大神、建甕槌神

社格　郷社

▶成海神社

御祭神　日本武尊、宮簀媛命、建稲種命

社格　式内社、県社

▶天神社

成海神社の元宮であり御旅所と呼ばれている。

❹日本武尊腰掛岩・七所社《しちしょしゃ》

　七社神社は熱田神宮にある七つの社を祀るところから、この名がついた。七つの社とは、八剣宮、熱田神宮、大幸田《おおさきだ》神社、日割御子《ひさきみこ》神社、高座結《たかくらむすび》御《み》子《こ》神社、氷上姉子《ひかみあねご》神社、上知我麻《かみちかま》神社のことで、祭神はそれぞれ次のとおり。日本武尊、天照大神、倉稲魂《うがのみたま》命、天忍穂耳《あめのおしほみみ》命、高倉下《たかくらじ》命、宮簀媛《みやすひめ》命、乎《お》止與《とよ》命。神社の神鏡に元慶《がんぎょう》八年（八八四）の銘があり、この頃の創建と考えられている。また尾張三大奇祭の一つ、「きねこさ祭」が行われることで有名である。

　境内には、ヤマトタケルがここから船に乗ろうとし、船を待つ間しばらく腰を掛けたという石があり、これを「腰掛岩」という。恐らくここから萱津《かやづ》に渡ったと思われる。

　境内に残る三つの塚（円墳）が、この地「岩塚」の地名の由来となっている。

アクセス

▶七所社

名古屋市中村区岩塚町字上小路7
地下鉄東山線
「岩塚駅」徒歩18分（1.4km）
Ⓟあり

インフォメーション

▶七所社

御祭神	日本武尊、天照大神、倉稲魂命、天忍穂耳命、高倉下命、宮簀媛命、乎止與命
創建等	元慶8年（884）頃
社格	郷社
文化財等	きねこさ祭（名古屋市無形民俗文化財） きねこさ祭（御田祭）は、旧暦1月17日に執り行われる。

Topics トピックス

◉磐座《いわくら》と磐境《いわさか》

「磐座」は、古代よりの自然崇拝の信仰形態の一つである。神が降臨し座となる石として存在した。小型の石から始まり、大型のものへと推移する。石自体が神聖化され、石には伝説、説話が結びつくことも多く、「腰掛岩」といわれるものも、その一つである。

一方「磐境」は、神社建築の発生以前に、神を祀るため臨時に設けられた小規模な石囲いの施設である（『国史大辞典』）。とくに、大きな石の見られない平野部において、石を切り出し、さらに運搬することは大変な労力を要したであろう。また、それを見る者にとっては、石それ自体が驚きの対象であり、かつ畏れや信仰の対象であった。

❺ 萱津《かやづ》神社・香《こう》の物殿《ものでん》

祭神は鹿屋野比売《かやぬひめ》神であり、野を司る神である。全国で唯一の漬物の祖神で、同時に諸病免除の神、縁結びの神とされている。

萱津は、古くは「草津」と書いて「かやず」と読んだ。古伝によれば「草ノ社《かやのやしろ》」「種《くさ》の社」「阿波《あわ》手《で》の社」ともいわれていた。かつてこの辺りは名所として賞賛されており、江戸時代以前より、鎌倉街道筋として、たいへん賑わっていたという。萱津は往古、海に近く（あるいは面しており）、ヤマトタケルの当時は大規模な湊があったという。萱津神社には、漬物を祀るための、萱葺き屋根でできた、「香の物殿」という建物がある。

ここには伊吹山戦役の後、ヤマトタケルが手植えしたといわれる雌雄二本の枝がつながった「連《れん》理《り》の榊《さかき》」があり、縁結びの御神徳の由縁であるという。

Topics トピックス

◉お漬物

（萱津神社パンフレットより）

ヤマトタケルは皇族で初めて漬物を食べ、その美味しさに感激したという。伝承では「土地の人々が、神前に瓜、茄子、大根等の初生《はつな》りを供えた。海が近いので次第に塩も供えるようになり、これらを甕《かめ》に入れてお供えした。これが程好い塩漬けになり、雨露に当たっても変わらない不思議な味を、神からの賜りものとして遠近を問わず頂きに集まり、万病を治すお守りとした」とあり、これがわが国の漬物の始まりとされる。ヤマトタケルは、『藪《やぶ》に神物《こうのもの》』と言ったそうで、これが今日、漬物を表す『香の物』の語源になった。

インフォメーション

▶萱津神社

御祭神　鹿屋野比売神

社　格　村社

御神徳　諸病免除、縁結び

アクセス

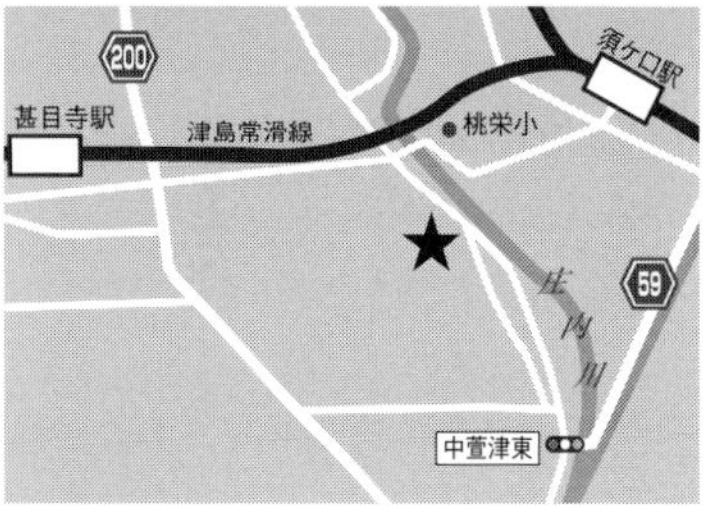

▶萱津神社

愛知県あま市上萱津車屋19

名鉄本線「須ケ口駅」徒歩19分（1.6km）

名鉄津島線

「甚目寺駅」徒歩20分（1.6km）

Ⓟあり

▶尾張名所図会「藪香物」

❻七つ石

大小計一八個の岩が散在していて、不思議な光景である。ヤマトタケルがこれで剣を研いだとの伝承があり、これらを「七つ石」あるいは「剣研《けんとぎ》石《いし》」と呼ぶ。古くは「砥塚《とぎづか》」とも呼ばれており、戸塚の地名は、この砥塚からきたといわれている。

七つ石は、このあたりにあった六～七世紀代に造られた古墳の、横穴式石室の遺構だと考えられている。しかし、そうすると、ヤマトタケルの時代にはこの岩石群は無かったことになってしまう。

なお古墳説の他には、「磐座《いわくら》・磐境《いわさか》」とする説、「ストーンサークル」説などもあるが、なぜ「七つ石」と呼ばれているのか、理由はわかっていない。

ここがヤマトタケルの伝承地となっているのは、北へ約六〇〇メートルのところにある、彼が休息したといわれる次の伝承地「笠懸《かさかけ》の松」の影響をうけているのではないだろうか。

〔一宮市指定史跡〕

アクセス

▶七つ石

愛知県一宮市大和町《やまとちょう》戸塚《とつか》字東郷234
名鉄本線「妙興寺駅」徒歩15分（1.2km）
Ⓟなし

▶春日社

愛知県一宮市大和町戸塚字東郷266
名鉄本線「妙興寺駅」徒歩14分（1.1km）
名鉄尾西線
「観音寺駅」徒歩14分（1.1km）
Ⓟなし

チェックポイント

◉戸塚のうなり石（**春日社**）※

七つ石のすぐ近くに、春日社がある。ここにも大きな石がある。後の世、東本願寺名古屋別院の土台石として奉出することにした。村の出口まで運び出したが、急に重くなり「うなり声」が聞こえて進まなくなった。村人一同は石を村から出すのをやめたという。

▶尾張名所図会「日本武尊　劔研石」

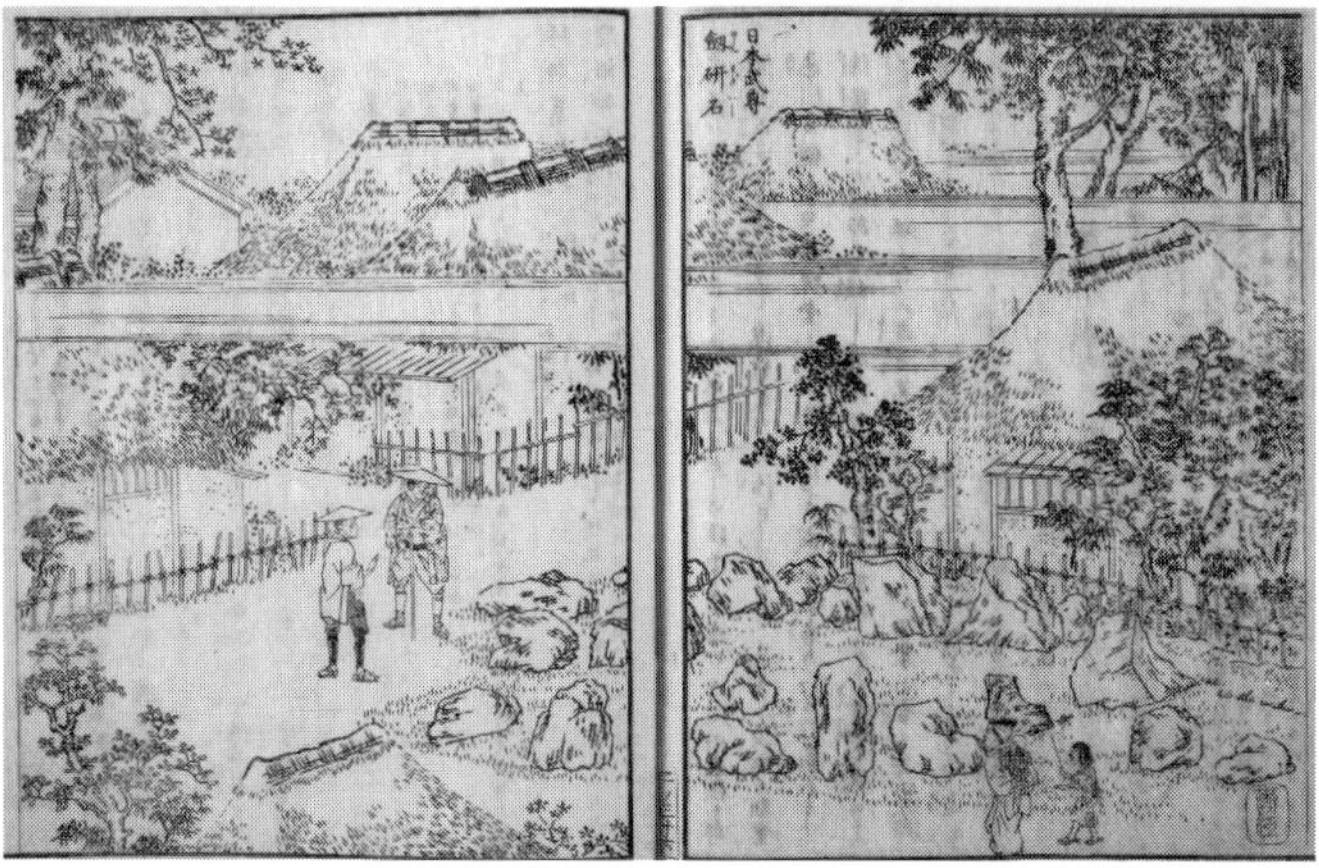

❼笠懸の松（下り松）・熱田社

「七つ石」のすぐ近くにある熱田社の境内に、「笠懸の松」がある。ヤマトタケルが伊吹山に向かう途中、この地の下り松に笠を懸け休息したと伝えられる。尾張名所図会には、「同じ村に熱田大神《だいじん》宮社《ぐうのやしろ》を祭りて産土神《うぶすながみ》とする」とあるが、ここのことであろう。祭神は、日本武尊。

伝承では「大字宮地字花池には、俗に下り松と呼ぶ松の古木ばかりの林があり、このなかに日本武尊笠懸けの松と伝える木がある」といわれている。現在では、若い松が一本あり、これが「笠懸の松」とされているが、以前は松の古木の林があったようで、休憩には格好の涼しげな日陰をつくっていたのであろう。またここは、花池という地名からも察せられるように、ヤマトタケルが松林の北側に広がる蓮の花を愛でたとの伝承があり、その日は旧暦の七月七日のこととされている。

アクセス

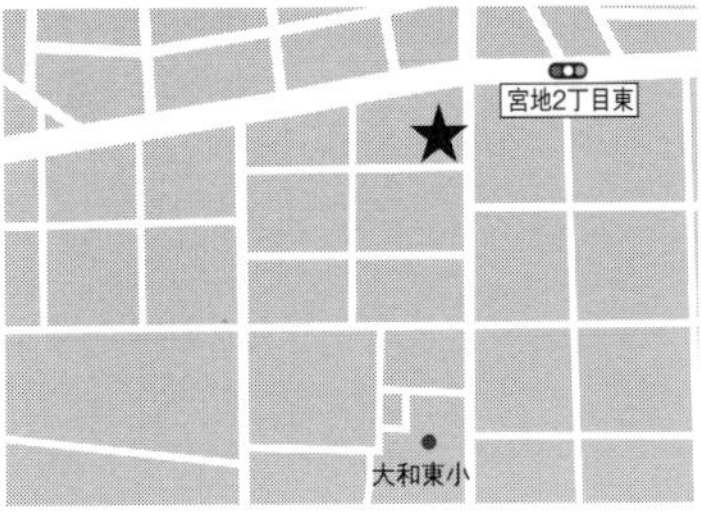

▶笠懸の松

愛知県一宮市大和町宮地花池字下り松55
名鉄尾西線
「観音寺駅」徒歩6分(0.5km)
名鉄本線
「妙興寺駅」徒歩11分(0.9km)
Ⓟなし

インフォメーション

▶熱田社

御祭神 日本武尊
社格 無格社
主な行事 ここ熱田社の祭礼は現在、月遅れの八月七日に行われる。

Topics トピックス

◉神社の御祭神

神社の祭神はなかなか特定が難しい。信頼性が高いのは市町村史のたぐいで、理由は時間をかけてよく調べてある点と、担当、分担はあるものの多くの執筆者が校正に参加しているため、である。市町村史に記載がない場合には、神社庁(神社本庁や各県の神社庁)発行の資料をみることになる。

しかし市町村の認識と宗教法人としての登記とは必ずしも一致しない。これは土地の問題とよく似ている。自分の所有地は、ここからここまでだと考えていても、不動産登記上は異なっていたというようなもので、結局、祭神がはっきりしない場合は、できるだけ広く多くの資料を集めて検討するしかないと思われる。

❽ 中嶋宮

もともとは素佐之男之命《すさのおのみこと》を祀っており、「八剣社」と呼んでいた。近隣六か所の、白山社、天神社、神明社、白山社、児社、神明社を合祀した結果、現在は配神として、伊邪那美神荒魂《いざなみのかみあらみたま》、菅原《すがわらの》道真《みちざね》、豊宇気比売命《とようけひめ》、天照大神を祀る。大正六年（一九一七）に六社を合祀し、この地への遷座を行った。当社については、嵯峨《さが》天皇の第十二皇子中島蔵人《くろうど》光敏卿がこの地に城を造り、鎮護の神として勧請《かんじょう》したものという。合祀した東木戸神明社における倭姫命《やまとひめ》の故事（倭姫命が三か月奉斎した中嶋宮だとする）に因んで、昭和三十九年（一九六四）、社名を「中嶋宮」と改めた。ヤマトタケルは祀られていないが、中嶋宮を軍事的な拠点とした可能性もあろう。

なお、このあたりは当時、尾張でも先進地帯であった。

アクセス

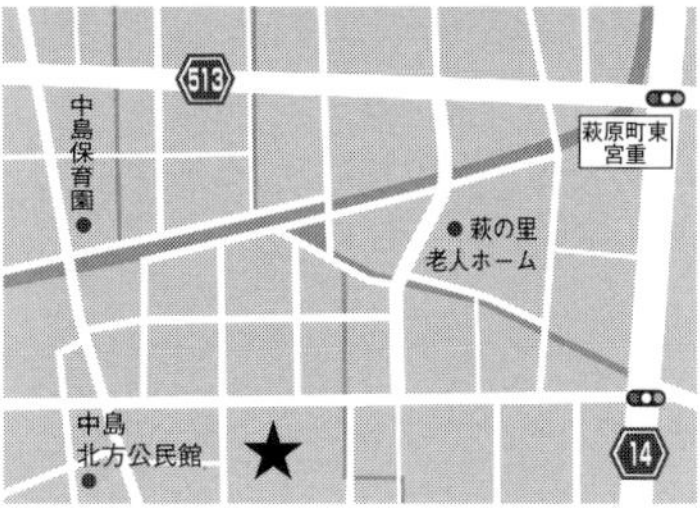

▶中嶋宮

愛知県一宮市萩原町中島字森下1676

名鉄尾西線

「苅安賀駅」徒歩27分(2.2km)

「二子駅」徒歩27分(2.2km)

「萩原駅」徒歩30分(2.4km)

Ⓟなし

インフォメーション

▶中嶋宮

御祭神　素佐之男之命。配神として、伊邪那美神荒魂、菅原道真、豊宇気比売命、天照大神

社　格　郷社

▲中嶋宮と八剣社と刻まれた標柱

Topics トピックス

◉倭姫命《ヤマトヒメ》

ヤマトタケルの姨《おば》・ヤマトヒメは、第十一代垂仁《すいにん》天皇の頃、天照大神《あまてらすおおかみ》を鎮座すべき地を求めてヤマトを発し各地を遍歴する。最終的に現在の伊勢神宮の地に定めたとされ、その旅については『倭姫命世記《やまとひめのみことせいき》』という書物に詳しい。旅の途中、転々と宮《みや》を定め、そこを基地としていわゆる布教活動をしたようだ。『倭姫命世記』は平安朝末の編纂で、その内容には疑義もあるが、この史料によると中嶋宮はヤマトヒメが三か月奉斎した場所とされる。その推定地は、ここを含めて五か所で**中嶋宮**(当社)、**神明社**(66頁)(一宮市北方町中島字宮浦一七八七)、**酒見神社**(一宮市今伊勢町本神戸字宮山一四七六)、**坂手神社**(一宮市大字佐千原字宮東九一)、**御園神社**(清須市一場字御園七三四)があげられる。なお本書で言及するヤマトヒメゆかりの地は、中嶋宮、伊久良河宮《いくらがわのみや》(62頁)、坂田神明宮(110頁)、の三か所である。

❾祖父江町山崎地区・熱田社

愛知県一宮市から稲沢市祖父江町山崎に入る。昔は、潮の干満のたびに赤褐色の「渋水《しぶみず》（そぶ水）」が漂って、川の入江に溜まったところから「そぶ江」となり、一帯の名称となった。

一説にヤマトタケルは山崎を通ったともいう。現在は、銀杏で有名なところである。

『美濃國式内國史見在神社明細取調書』には「山崎村（御休憩ノ地アリ）」とみえ、『伊吹平定道路考』にも「山崎村（里伝）」がみえる。この熱田社が伝承地である可能性は高いと考えられる。ここは「笠懸の松」から蛇穴への道筋にあたっており、ヤマトタケルを祀っているからである。

祭神は、日本武尊、宮簀姫命。創建年月等不詳。古老によると、元亀《げんき》～天正（一五七〇～九二）の頃の創建という。

Topics トピックス

◉祖父江町のイチョウ※

本数（一万七二〇本・平成十五年祖父江町調べ）、銀杏《ぎんなん》の生産量（愛知県一八四トン、うち七割以上を祖父江町が占める・平成十三年度）とも日本一である。冬の伊吹颪《いぶきおろし》に対して、防風林として明治初期に植樹された。イチョウは水分を多く含むため、防火の役割も果たす。名鉄尾西線「山崎駅」周辺で見られる。

（愛知県稲沢市祖父江町山崎）

▲山崎のイチョウ。中央後方は伊吹山

インフォメーション

▶熱田社

御祭神　日本武尊、宮簀姫命

創建等　元亀～天正の頃

社格　村社

アクセス

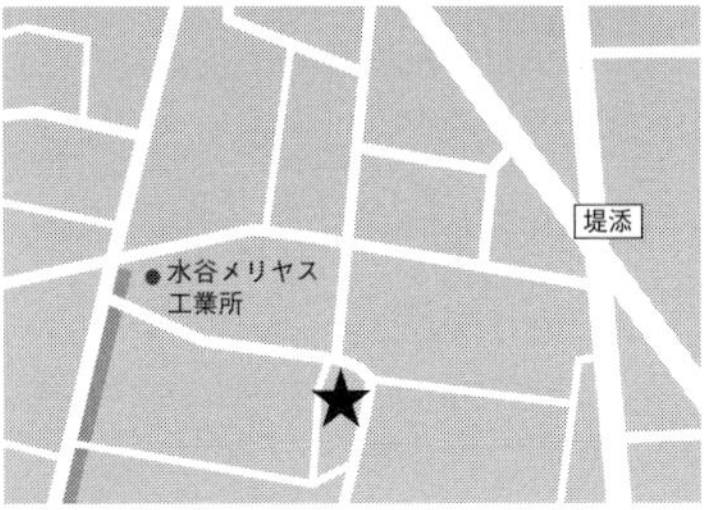

▶熱田社

愛知県稲沢市祖父江町山崎車田58

名鉄尾西線

「山崎駅」徒歩12分（1km）

Ⓟあり（イチョウ黄葉まつり開催中は駐車不可）

イチョウスポット
祐専寺の銀杏

稲沢市指定天然記念物

（「山崎駅」下車。西へ徒歩２分）

チェックポイント

次の２か所はヤマトタケル伝承地であるが、私の考えているルート（P63 参照）からは外れている。

神明社

祭神は、天照皇大神。創建は垂仁天皇の時代との伝承がある。神社の付属施設として「聖蹟日本武尊倭媛命」の石碑があるが、これはヤマトヒメ巡幸の地という伝承から、建立されたものであろう。〔村社〕

（愛知県一宮市北方町中島字宮浦 1787）　Ⓟあり

八《や》剣《つるぎ》神社

祭神はヤマトタケルで、日本武命と表記される。神社の由緒は、「そのむかしヤマトタケルが当地を通ったとき、この神社の地で休憩した」と伝えている。創建年代は不詳であるが、熱田神社を分社したものという。ここでは八剣を「やつるぎ」と読む。〔郷社〕

（岐阜県羽島郡岐南町みやまち 4）　Ⓟなし

第二章　西濃編

❿ 蛇穴の大蛇・御霊神社
⓫ 阿遅加神社
⓬ 御船代石・天神神社（伊久良河宮跡）
⓭ 白鳥神社（池田町）
⓮ 神明神社
⓯ 金地越（梅谷越）

ヤマトタケルの方向転換と美濃での進路

ヤマトタケルは「笠懸の松」で急に進路を変更するが、これは蛇穴《じゃけつ》（岐阜県海津市平田町者結《じゃけつ》）の大蛇を退治するための方向転換ではないか、と考えられる。よほどのことがない限り、このように直角に近い方向転換はありえないだろう。蛇穴に行ったとすれば、その通り道にあたる愛知県一宮市萩原町と岐阜県羽島市に、ヤマトタケルを祀る八剣神社が多く存在することの理由がつけやすい。蛇穴での大蛇退治は、伊吹山の戦いの前哨戦《ぜんしょうせん》だったのかもしれない。

羽島市内でヤマトタケルを祀るなど、彼と何らかのかかわりがある神社は七か所。しかし伝承が残っているのは「阿遅加《あぢか》神社」のみである。もし蛇穴の大蛇退治がなければ、ヤマトタケルは笠懸の松から、まっすぐそこへ向かっていたと思われる。

また、いくつかの史料にヤマトタケルは墨俣を通ったことがみえる。しかし何も伝承が残っていないうえ、彼を祀る神社もない。ただ前後の進路を見れば、墨俣を通った可能性は高い。このあたりは古代から多くの河川が集中した交通、軍事上の拠点だった。中世以降は街道の要所であり、また源平墨俣川の合戦、戦国時代には木下藤吉郎（のちの豊臣秀吉）の一夜城など、戦場にもなった。さらに江戸時代には美濃路の宿場町として栄える。

ヤマトヒメがこのあたりでは船を使用したことを考えると、ヤマトタケルもやはり足近あたりから墨俣を過ぎて伊久良河宮跡（岐阜県瑞穂市）あたりまで、船を使った可能性は高い。

松尾芭蕉「奥の細道」結びの地として知られる大垣市（岐阜県）は隣接する池田町（同揖斐郡）と同様、

往古は湿地帯であった。そのため現在でも湧水が見られ、運河には城下町の名残がある。味蜂間の海から北部、池田町辺りまでは葦の生い茂った広大な湿地帯だったのであろう。現在でも池田町の西側、池田山から伏流水が染み出しており、美しい清水が土地を潤している。このような状況だったので、ヤマトタケルは湿地帯を回避し、大回りをして北上したのであろう。これが、伊吹山に真っ直ぐ向かうことができなかった理由の一つである。もうここまで北上すれば、たやすく杭瀬《くいせ》川（古くは揖斐《いび》川本流）を渡河できるであろうと、少々無理をして葦の湿地帯に足を踏み入れ、そのため思いがけず迷う破目に陥ってしまった。このことを伝えるのが、後に紹介する「白鳥ものがたり」（64頁）である。

池田からは、白鳥神社から片山、金地越《かねぢごえ》というルートを通ったとする説がある。しかしその一方で、舟子《ふなご》の神明神社から山道を辿《たど》り春日に入り、伊吹山の北を迂回して近江に出たという伝承もある。

伊久良河宮跡と座倉

伝承では、ヤマトタケルは座倉を経て白鳥にさしかかり、道に迷ったとされている。「座倉」という地名は、「西座倉」（岐阜県安八郡神戸町）、「下座倉」（揖斐郡大野町）、「東座倉」（現在の瑞穂市七崎あたりの旧名）の三か所に見出せる。

そして「東座倉」に隣接して「居倉」がある。この居倉にはヤマトヒメにゆかりのある「伊久良河宮跡」があり、現在は「天神神社」がその場所だといわれている。

「座倉」とは「居倉」を含む地域を指していたのではないかと思われるが、逆に「居倉」という地名が分割された際に、「座倉」という地名ができたとも考えられる。

私としては、ヤマトヒメにゆかりのある地を間近にしながら、ヤマトタケルが素通りするはずがないと考え、伝承地の「座倉」は「伊久良河宮跡」とした。ただし、伊久良河宮跡である天神神社には、ヤマトタケルの伝承はない。

【地図】西濃地区

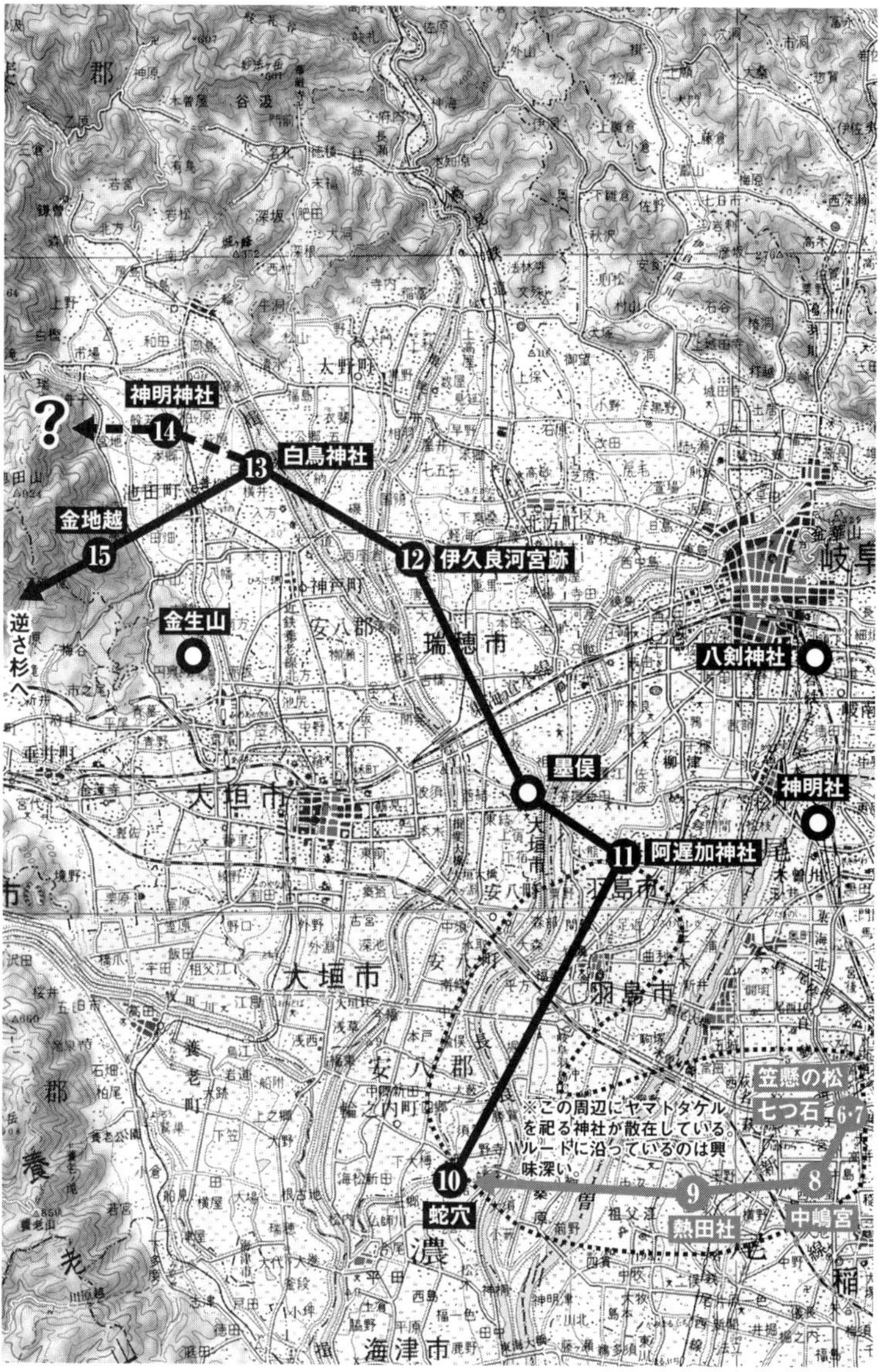
神明神社
?
14
13
白鳥神社
金地越
15
逆さ杉へ
12
伊久良河宮跡
金生山
八剣神社
墨俣
神明社
11
阿遅加神社
笠懸の松
七つ石
6·7
※この周辺にヤマトタケルを祀る神社が散在している。ルートに沿っているのは興味深い。
10
蛇穴
9
熱田社
8
中嶋宮
大垣市
瑞穂市
羽島市
海津市
岐阜

⑩ 蛇穴《じゃけつ》の大蛇・御霊《みたま》神社

『平田町史』によると、「海西村者結《かいせいむらじゃけつ》御霊《みたま》神社由緒」という古文書にはヤマトタケルの大蛇退治にまつわる言い伝えがある。

「蛇穴には大昔から大きな池があり蛇池といった。池の中その深さは測り知ることができなかった。池の中に大蛇が棲んでいた。蛇穴の名があるのはそのためである。日本武尊がこれを討ち殺された。そこで蛇池の中央を埋め立てて、社殿を建て、大巳貴《おおなむち》神を祀るとともに大蛇の霊を祀った」。由緒の御霊神社はこれを指している。祭神は、大巳貴神とともに大蛇の霊とされている。

また、『美濃国古蹟考』には『尾張国風土記残編』の記述があり、ヤマトタケルの大蛇退治の話が見える。大蛇退治というのは、何らかの戦いを暗示しているのではないかと思われる。

なお、近くには蛇池《じゃいけ》という地名がある。

チェックポイント

◉八剣神社〔村社〕

御霊神社の近くに八剣神社がある。祭神は、日本武尊と大山祇《おおやまつみ》神。大蛇伝説とのかかわりは認められないが、ヤマトタケルを祀っている。伝承では「慶長元年(一五九六)創建。ある人の夢が発端で土地を掘ったところ、果たして夢の通り日本武尊の像があらわれた」という。

インフォメーション

▶御霊神社

御祭神　大巳貴神、大蛇の霊

創建等　慶長元年(1596)

社格　村社

Topics トピックス

◉御霊神社

ヤマトタケルに退治された大蛇の関係であろうか。蛇穴付近には、ほかにも御霊神社が三か所ある。

(A)**御霊神社**〔村社〕(岐阜県海津市海津町成戸《なりと》字宮前五一六)

(B)**御霊神社**〔村社〕(同　瀬古字村内三二〇一六)

(C)**御霊神社**〔村社〕(同　松木《まつのき》二八五一一)

祭神は(A)(B)(C)いずれも以下の八柱と考えられる。

崇徳《すとく》天皇、伊予《いよ》親王、藤原吉子《ふじわらのよしこ》、橘逸勢《たちばなのはやなり》、文屋宮田麿《ぶんやのみやたまろ》、吉《き》備真備《びのまきび》、藤原廣嗣《ふじわらのひろつぐ》、菅原道真《すがわらのみちざね》。

アクセス

▶御霊神社

岐阜県海津市平田《ひらた》町者結151

名神高速道路「岐阜羽島IC」車22分(7.7km)　Ⓟなし

▶八剣神社

岐阜県海津市平田町岡字北屋敷103

御霊神社から徒歩18分(1.5km)

御霊神社から車11分(1.7km)　Ⓟなし

⑪阿遅加《あぢか》神社

祭神は、日本武尊。勧請年月は不明。古くから鎮座の宮で、旧号を「八剣宮」といい、足近郷十か村の総社であった。

里伝は、「ヤマトタケルが伊吹山へ向かう時、今の社地に霊泉があって暫《しばら》くお休みになった。土地の人が御食事を差し上げたので尊は大変ご満足であったという。または、この霊泉の水が非常に甘美だったので、思わず『味食《あじか》（味佳《あじか》）』とおっしゃったともいう。このことが地名のもととなった。のち皇子の稚武彦王《わかたけひこのみこ》（母は第三妃、弟橘媛《おとたちばなひめ》。〈『紀』〉）は、ヤマトタケルの死を深く悲しみ、父の憩いのこの地に宮を造ったのがこの阿遅加神社である。後になって、稚武の宮といっていたのが、竹の宮という小字名に残った（耕地整理後の現在、この小字名はない）」と伝える。

チェックポイント

◉八劒《やつるぎ》神社〔郷社〕

地元では、「やつるぎ」とも「はっけん」ともいう。この八剣神社は「八劒」と書く場合が多い。所在地は、もとは「八神字八《や》劒《つるぎ》四九八三」であった。祭神は、櫛岩窓《くしいわまど》神であり、勧請は斉衡《さいこう》二年（八五五）八月十七日。八神は岩神《やがみ》が転じたようである。社伝によると、第三代将軍徳川家光のとき現在の地に移転した。

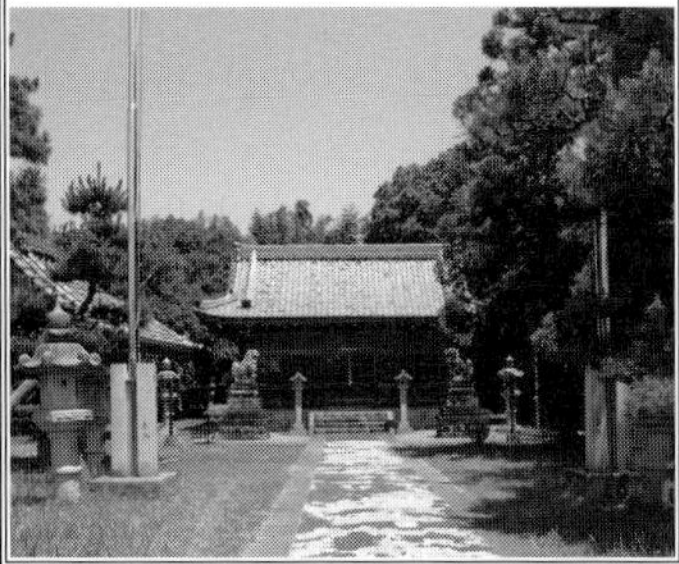

インフォメーション

▶阿遅加神社

御祭神　日本武尊

社　格　式内社、郷社

アクセス

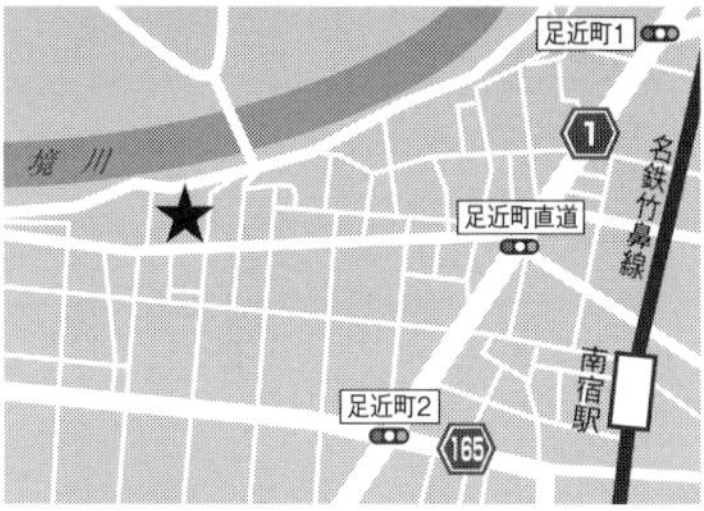

▶阿遅加神社

岐阜県羽島市足近《あじか》町直道《すぐみち》1088-2

名鉄竹鼻線

「不破一色駅」徒歩17分（1.4km）

「須賀駅」徒歩18分（1.5km）

名神高速道路

「岐阜羽島IC」車20分（6.9km）

Ⓟなし

▶八劒神社

岐阜県羽島市桑原町《くわばらちょう》八神《やがみ》4665-1

名神高速道路

「岐阜羽島IC」車13分（5km）

Ⓟなし

境川

いく筋も流れていた木曽川の中で境川が本流の時代があった。

⓬ 御船代石《みふなしろいし》・天神神社（伊久良河宮跡《いくらがわのみや》）

祭神は、高皇産霊神《たかみむすひ》、神産霊神《かんむすひ》。ここはヤマトヒメが四年間奉斎した伊久良河宮だといわれている。その昔は神社の北側に伊久良川をひかえ、神社の北側と東側に堤防の名残がある。本殿右奥には、御船代石《みふなしろいし》という一対の石を置いた壇があり、禁足地となっている。古代の祭祀形態を知るうえで、貴重な遺跡である。この二つの祠は、向かって右が天照大神、左が倭姫命を祀るとされている。戦国時代、美濃国の守護大名が清和源氏の流れを汲む土岐氏であったとき、源氏の氏神を祀るとして、その所領に八幡宮を祀り、斎藤氏が美濃国を領してからは天神宮を祀ったという。

このように神社は、ときの為政者によって、御祭神や名称が変更されてしまうことがある。「ヤマトタケルは座倉を通り、白鳥《しろとり》へ向かった」という伝承がある。

Topics トピックス

◉五つの白鳥神社

ヤマトタケルは、伊久良河宮から池田町の白鳥神社に向かったといわれているが、このあたりにはヤマトタケルを祀る白鳥神社が、五か所ある。それらを南から北へ列挙する。「白鳥」の読みに注意。

①**白鳥《しろとり》神社**〔郷社〕
（岐阜県瑞穂市呂久《ろく》字町上一一四九）

②**白鳥《しらとり》神社**〔村社〕
（同　安八郡神戸《ごうど》町丈六道《じょうろくどう》字村中三八三―一）

③**白鳥《しらとり》神社**〔村社〕
（同　安八郡神戸町横井字村前一〇四三）

④**白鳥《しらとり》神社**〔村社〕
（同　安八郡神戸町北一色字北島七八一―一）

⑤**白鳥《しろとり》神社**〔郷社〕
（同　揖斐郡池田町白鳥《しろとり》五三六）

インフォメーション

▶天神神社

御祭神　高皇産霊神、神産霊神
社　格　郷社
文化財等　天神神社本殿（瑞穂市指定文化財）
伊久良河宮跡（瑞穂市指定文化財）
居倉天神神社のクス（瑞穂市指定天然記念物）

アクセス

▶天神神社

岐阜県瑞穂市居倉字中屋敷781
名神高速道路
「大垣IC」車38分（15.1km）
樽見鉄道
「美江寺駅」徒歩41分（3.4km）
JR東海道本線
「穂積駅」車23分（9km）
Ⓟあり

⑬白鳥《しろとり》神社（池田町）

祭神は日本武尊。三体の木彫りの神像があり、中央に母親・稲日太郎媛《いなびのおおいらつめ》、右に兄・大碓命、左に弟・小碓命（ヤマトタケル）。神社の伝承には、「ヤマトタケルがこの地に基地を作り軍を留め」たとある。

池田町の白鳥神社に伝わる「白鳥ものがたり」の伝承は次のようである。「ヤマトタケルが伊吹山の賊を平らげようと、座倉を経て白鳥にさしかかりましたが、その頃は背よりも高い葦が一面に茂っていて、一行は道に迷ってしまい困っていました。その時、何処からともなく一羽の白い鳥が飛んで来て、その飛ぶ方角へ進んでいくと、抜け出すことができました」。また、他の伝承では、「白鳥が輪を描くように飛んだ範囲が白鳥」だともいう。

チェックポイント

◉白鳥《しろとり》神社〈呂久《ろく》〉〈郷社〉

瑞穂市呂久に白鳥神社がある。祭神は、日本武尊、弟橘媛《おとたちばなひめ》。創建は継体《けいたい》天皇の頃だといわれている。由緒沿革に、寛永十二年（一六三五）社頭の造営があり、寛文七年（一六六七）南面を東面に改めた、とある。第十四代将軍徳川家茂《いえもち》に嫁ぐ皇女和宮《かずのみや》は、ここ呂久の渡しで次の歌を詠んだ。

「落ちて行く身と知りながらもみぢ葉の人なつかしくこがれこそすれ」

インフォメーション

▶白鳥神社

御祭神　日本武尊

社　格　郷社

文化財等　白鳥神楽（池田町指定無形文化財）

アクセス

▶白鳥神社（池田町）

岐阜県揖斐郡池田町白鳥536

養老鉄道

「北池野駅」徒歩24分（2km）

名神高速道路

「大垣IC」車39分（18.5km）

Ⓟあり

▶白鳥神社（呂久）

岐阜県瑞穂市呂久字町上1149

樽見鉄道

「東大垣駅」徒歩26分（2.1km）

名神高速道路

「大垣IC」車24分（9.7km）

Ⓟなし

⓮神明神社

祭神は、天照皇大神で、創建年月等は不詳。

ここには「盛飯祭《もりめしまつり》」という神事が伝わっている。

「ヤマトタケルは、所々で休みながらヤマトに向かった。白鳥《しろとり》で夕方になったので、白鳥神社で松《たい》明《まつ》に火をつけ先を急いだ。舟子《ふなご》に来た時、雪が降りやがて吹雪になってきたので、ここ（萩ケ谷《はがたに》のお宮）で、藁《わら》に火をつけて暖を取った。ヤマトに早く帰りたいという気持から、ここでは泊らずに出発した。雪が積もる春日《かすが》を過ぎ、伊吹山を越え、無事ヤマトへ戻った。そこで地元農民たちは、ヤマトタケルがここに来た日、十二月十六日を記念して、年に一回、贅沢な沢山の食事をとるお祭りをすることになった」

この話では、ヤマトタケル一行は伊吹山の北側を越えて、近江に入ったことになっている。

アクセス

▶神明神社

岐阜県揖斐郡池田町舟子《ふなご》字萩ヶ谷257

養老鉄道

「揖斐駅」徒歩39分（3.1km）

名神高速道路

「大垣IC」車44分（21.6km）

「関ケ原IC」車44分（19km）

Ⓟあり

インフォメーション

▶神明神社

御祭神　天照皇大神

社　格　村社

Topics トピックス

◉ヤマトタケルは近江に行ったのか

伊吹山を越えたことを重視すれば、雲雀《ひばり》山（82頁）に布陣したことと整合する。しかし一般的には、ヤマトタケルは金地越《かねちごえ》を通って、現在の不破郡垂井町へ出、逆さ杉の伝承地へと至るというのが、古くからの言い伝えである。池田の白鳥神社の地から二手に分かれたのであろうか。

⑮金地越《かねぢごえ》（梅谷越）

揖斐郡池田町片山の金地谷《かねじだに》と不破郡垂井町梅谷との境にある峠で、昔は金地越といったが、現在では「梅谷越」と呼ばれている。ヤマトタケルはこの峠を越えて、敵対する伊吹山の神の本拠地へ向かったようである。

梅谷越は、西国三十三所巡礼における谷汲山華厳寺《たにぐみさんけごんじ》への近道で、片山に善南寺（三十三所には入っていない）という寺があることから、「善南寺越」と呼ばれた時代もあったようである。

梅谷越をぬける道路は県道五三号であったが、平成二十二年（二〇一〇）四月二十五日に梅谷片山トンネルが開通（この線が現在の県道五三号）したことにより、町道となった。工事に際して、文化財試掘調査などが行われたが、金地越に関する情報は得られていない。

プロローグ
尾張編
西濃編
伊吹山編
伊勢路編
北勢編
御陵編
エピローグ

Topics トピックス

◉西国三十三所

岐阜県と近畿二府四県の三十三か所にある観音霊場。観音経などに説かれる、観音が三十三の姿となって人々を救うという信仰による。徳道上人が始まりであり、十世紀末、花山上皇が中興の祖とされているが、選定については不明。和歌山県那智の青岸渡寺《せいがんとじ》を第一番とし、岐阜県谷汲山の華厳寺を納めとする。紀三井寺、粉河寺、壺阪寺、興福寺、醍醐寺、石山寺、園城寺（三井寺）、清水寺など、有名な寺院も多い。

アクセス

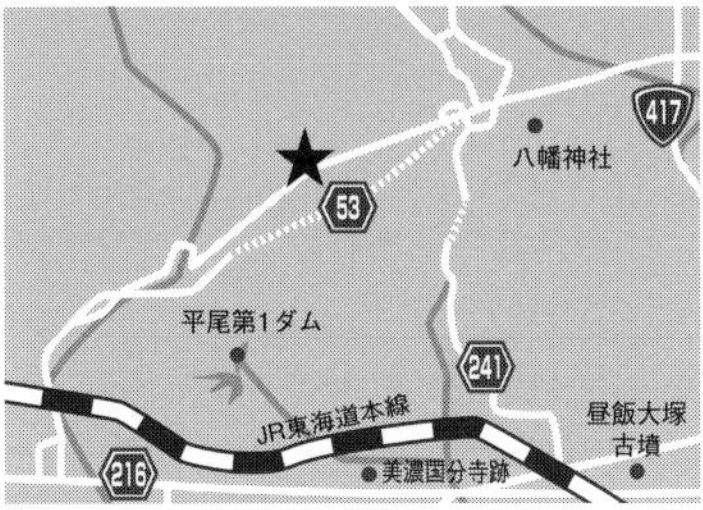

▶金地越

養老鉄道「池野駅」徒歩42分（3.2km）

名神高速道路

「大垣IC」車33分（16.7km）

「関ケ原IC」車26分（12.3km）

トンネル（県道53号経由）車34分（13.5km）

※いずれも金地越の北側入口までの時間。

旧県道53号の梅谷越は、道路幅員狭く危険

チェックポイント

◉谷汲山華厳寺※

谷汲山華厳寺は、西国三十三番満願霊場である。草創は延暦十七年（七九八）、豊然《ぶねん》上人による。皇室や朝廷からの崇敬も厚かった。桜や紅葉の名所として有名な美濃の名刹である。

（岐阜県揖斐郡揖斐川町谷汲徳積二三）

第三章　伊吹山編

⑯ 逆さ杉・杖立明神
⑰ 雲雀山
⑱ 佐五地池
⑲ 日本武尊遭難の地

伊吹山の戦い

ヤマトタケルは伊吹山の神に戦いを挑んだ。まず『古事記』『日本書紀』それぞれに、その戦いのようすを見てみよう。

『古事記』訳より　「ここにご結婚されて、その腰に帯びておられる刀である草那芸《くさなぎ》の剣を、そのミヤスヒメのところに置いて、伊吹山の神を討ち取りにご出発された。

ここにおっしゃるには、『この山の神は、素手でじかに討ち取ってやろう』。その山にお登りになったとき、山のはずれで白い猪に遭遇した。その大きさは牛のようであった。ここに言挙《ことあげ》して『この白猪に化けているのは神の使いであろう。今殺さなくても、帰るときに殺そう』と、山を登って行かれた。ここで（猪は）激しい氷雨を降らせて、倭建命を打ち惑わせた。この白猪に化けているのは、その神の使者ではなくて、まさに神そのものであったのを、言挙によって惑わされてしまうことになった。そこで、山をお下りになられて……」

『日本書紀』訳より　「ここに、近江の伊吹山に乱暴な神がいることをお聞きになって、すぐに剣を解いてミヤスヒメの家に置いて、徒歩でお出かけになった。伊吹山に至ると、山の神は大蛇に化けて道に横たわって進むのを妨げた。ここでヤマトタケルは伊吹山の神が蛇に化けていることを知らないで『この大蛇はきっと神の使いだろう。主神を殺すことができれば、その使いは問題ではない』と仰せられた。

だから蛇をまたいでなお、お進みになった。このとき山の神は雲をおこして雹《ひょう》を降らせた。山の峰は霧で、谷は暗く行くべき道がわからない。そのためさまよって、どこを歩いているのか知ることができなかった。しかし霧をしのいで無理やり進んだ。なんとか霧から出ることができた。ずっと自分を見失って酔っているようである。そこで山の下の泉のほとりにお座りになって……」

伊吹山とは

伊吹山は伊吹山地の主峰、標高一、三七七メートル。岐阜県と滋賀県の境にあり、頂上は滋賀県米原市上野である。古生層の石灰岩からなる。

伊吹山の気候が苛酷な例として、昭和二年二月十四日に積雪一一メートル八二センチという日本最高記録があり、この記録は現在も破られてはいない。このような気候の場所、豪雪地帯で冬に戦いが行われたということはありえない。戦いの時期は夏だったと思われる。

なお伊吹山は冬になると、西北西から東南東への強く冷たい季節風を引き起こすが、この気象現象を伊吹颪《いぶきおろし》という。

伊吹山の神

「伊吹」山、「伊富岐」神社、いずれも「いぶき」と読む。また「伊吹山の神」を「伊吹大明神」と呼び、伊富岐神社（岐阜県不破郡垂井町）の祭神を「伊富岐大明神」と呼んでいる。これは伊福《いぶき》氏が伊吹山と密接な関係を持つことを示しており、山を信仰の対象としていたことに由来する。「伊福氏」も伊吹山から命名されたものであろう。

山に対する畏敬の念を神格化した「伊吹大明神」に、何らかの神をなぞらえる作業があったのであろう。さまざまな神があてられてきたが、これはより具体的な神をあてはめようとする動きであるとともに、ヤマト政権が成長する神話などの影響を受けた過程だとも考えられる。伊吹山の神がいかなる神なのか、説はさまざまで、定まってはいない。

伊吹山の近くには「いぶき神社」と呼ばれる神社が四か所（76頁参照）あるが、「いぶき」にあてる漢字はまちまちであり、祭神も異なる。

その伊吹山の神が、『古事記』に「牛のような大きな白猪」、『日本書紀』に「大蛇」として登場するのは、既にみてきたとおりである。

ほかにも伝承により多くの説があるが、列挙すると次のようになる。

（イ）牛のような大きな白猪（『古事記』）
（ロ）大蛇（『日本書紀』）
（ハ）八岐大蛇《やまたのおろち》（『源平盛衰記《げんぺいじょうすいき》』、伊富岐神社〈岐阜県不破郡垂井町〉伝承）
（ニ）鸕鷀草葺不合尊《うがやふきあえず》（伊富岐神社伝承）
（ホ）天火明命《あめのほあかり》（伊富岐神社伝承）

（へ）伊吹弥三郎《いぶきのやさぶろう》（地元伝承）
（ト）多多美彦命《たたみひこ》（『帝王編年記』、伊富岐神社伝承）

ヤマトタケルが戦った相手とは

ヤマトタケルの敵対勢力となるのは、恐らくは伊吹山を神と崇《あが》めている勢力、あるいは伊吹山を祀っている勢力であろう。

伊吹山特有の伊吹颪《いぶきおろし》が自然風による踏鞴《たたら》製鉄を促し、生産量を上げることにもつながった。この自然風による踏鞴製鉄を支配・経営した氏族が伊吹山の東南麓を本拠地とする伊福《いぶき》氏であったといわれている。すると、この伊福氏こそがヤマトタケルの戦いの相手であった可能性が高い。ここで「踏鞴」とは、文字どおり「鞴《ふいご》を踏む」の意であり、「足で踏んで空気を吹き送る大きなふいご」のことである。「鞴」は吹皮《ふきがわ》から転じた「ふいごう」の短縮である。また、良質の鉄は「金生山《きんしょうざん》」（大垣市）で採れたという。

伊福氏は天火明命《あめのほあかり》を遠祖とし、祖先を若都保命《わかつほ》としている。また天火明命は尾張氏の祖先でもある。

ヤマトタケルが伊吹山での戦いに至った理由は、製鉄により力を蓄えた伊福氏の勢力が侮れないほどに拡大したこと、あるいは製鉄に関し、伊福氏と周辺氏族との間に利権争いがあり仲裁の必要に迫られた、というようなことではなかったかと思われる。

ただしヤマトタケルが戦った相手を、息長《おきなが》氏だとする説も有力である。また、地元にはこの辺りに勢力を張った蝦夷《えみし》が相手だったとする伝承もある。

Column《コラム》「いぶき神社」

先述のように、伊吹山の近くには「いぶき神社」と呼ばれる神社が四か所ある。もともと「伊吹山」を祀ることに始まり、「伊吹大明神」を祭神とした時期があったかもしれないが、各神社がそれぞれの神を祀っているのが現状である。ここではその四か所の神社を紹介する。

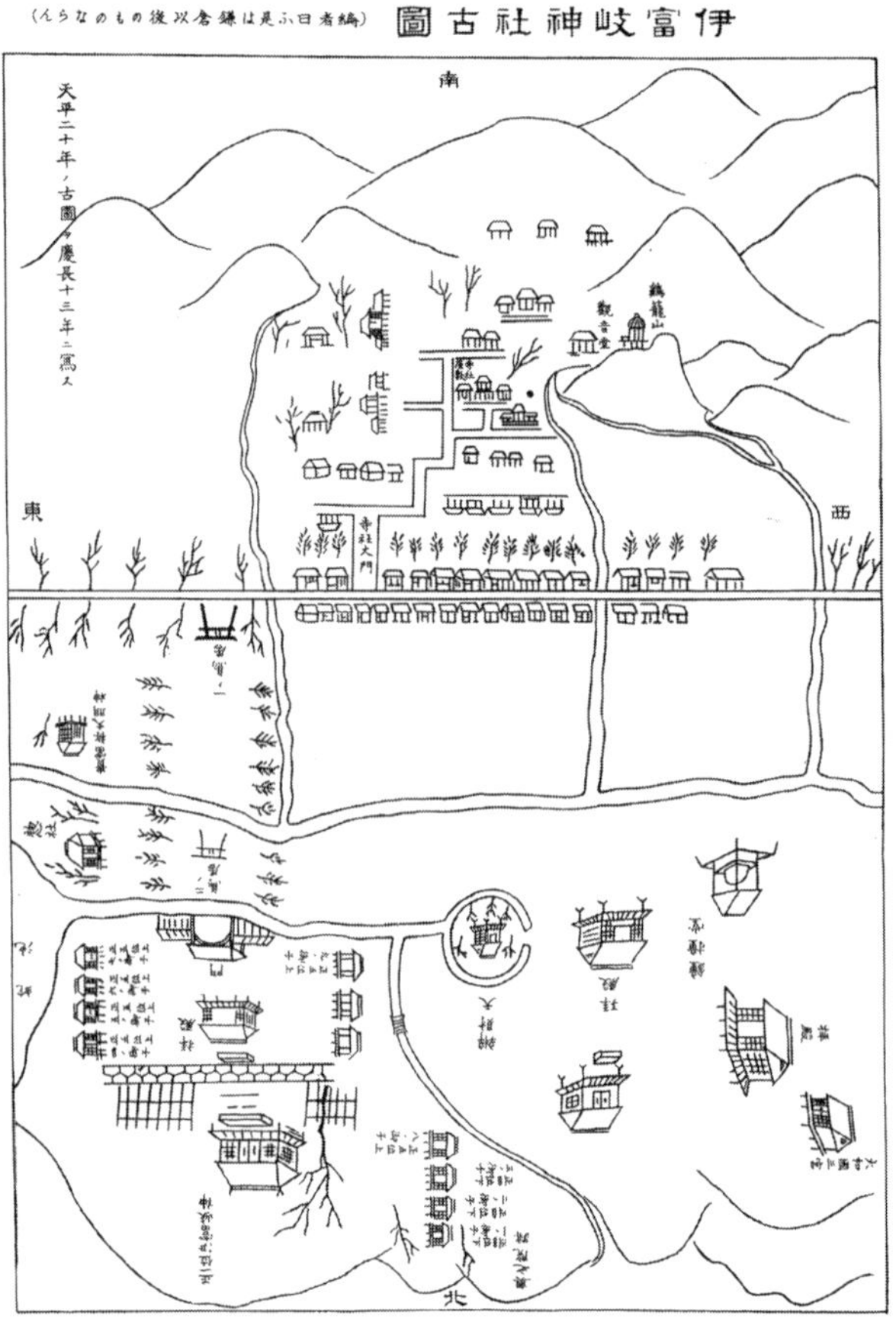

伊富岐神社古図

図中には「天平二十年ノ古図ヲ慶長十三年ニ写ス」とみえる。この図は上が南となっている。左下には「蛇池」がみえる。

出典：『不破郡史 下巻』（不破郡教育会・1927）（276 頁と 277 頁の間の折込の図）

伊富岐《いぶき》神社（垂井町）

「古代伊吹山麓に勢力を張っていた伊福《いぶき》氏の祖神を祀ってある」と現地解説にみえる。この神社の付近には縄文時代の遺跡や古墳も多く、古代の豪族が住んでいたことをうかがわせる。また、伊富岐神社の大スギは岐阜県指定天然記念物である。伊福氏の祖先は尾張氏と同じく天火明命《あめのほあかり》だとされているが、伊富岐神社の祭神については、次のように諸説あり、定かではない。

㋑天火明命、㋺八岐大蛇《やまたのおろち》、㋩多多美彦《たたみひこ》命、㊁鸕鶿草葺不合《うがやふきあえず》尊

ヤマトタケルと敵対したのは、ここを本拠地として勢力を張った伊福氏だといわれている。なおこの神社の東側には昔、蛇池という大きな池があったという（77 頁参照）。「日本武尊が伊吹山に向かったとき、大蛇がこの池をぬけ出し、尊に害を与えた」と里人は伝えている。〔式内社、県社、美濃国二宮〕

（岐阜県不破郡垂井町伊吹 1484-1） Ⓟあり

伊吹《いぶき》神社（米原市）※

祭神は、素盞嗚《すさのお》尊。ただし諸説があり、志那津比古《しなつひこ》命、志那津比売《ひめ》命、伊富岐大明神ともいわれている。創立年月等は不詳。京極氏が城館を設け、その尊崇が篤かった。〔村社〕

（滋賀県米原市上平寺 286） Ⓟなし

Column コラム「いぶき神社」

伊夫岐神社《いぶき》（米原市）※

祭神は、多多美彦命《たたみひこ》、気吹男命《きふきお》、天之吹男命《あめのふきお》などが挙げられているが、いずれとも決めがたく、文献によっては素盞嗚尊とか八岐大蛇も見られる。現在では伊富岐大神としている。ただし、古書には八岐大蛇が伊吹山の神に変じたことを記すものが多いようである。出雲地方とのかかわりについては、今後の検討課題である。

〔式内社、郷社〕

（滋賀県米原市伊吹 603）Ⓟあり

伊吹《いぶき》神社（長浜市）※

祭神は、伊吹神だが、八岐大蛇という説もある。創立年月等は不詳。背後（東方）の伊吹山を拝むような造りになっており、そのため本殿は西面している。〔村社〕

（滋賀県長浜市山階町 576）Ⓟあり

【地図】伊吹山周辺

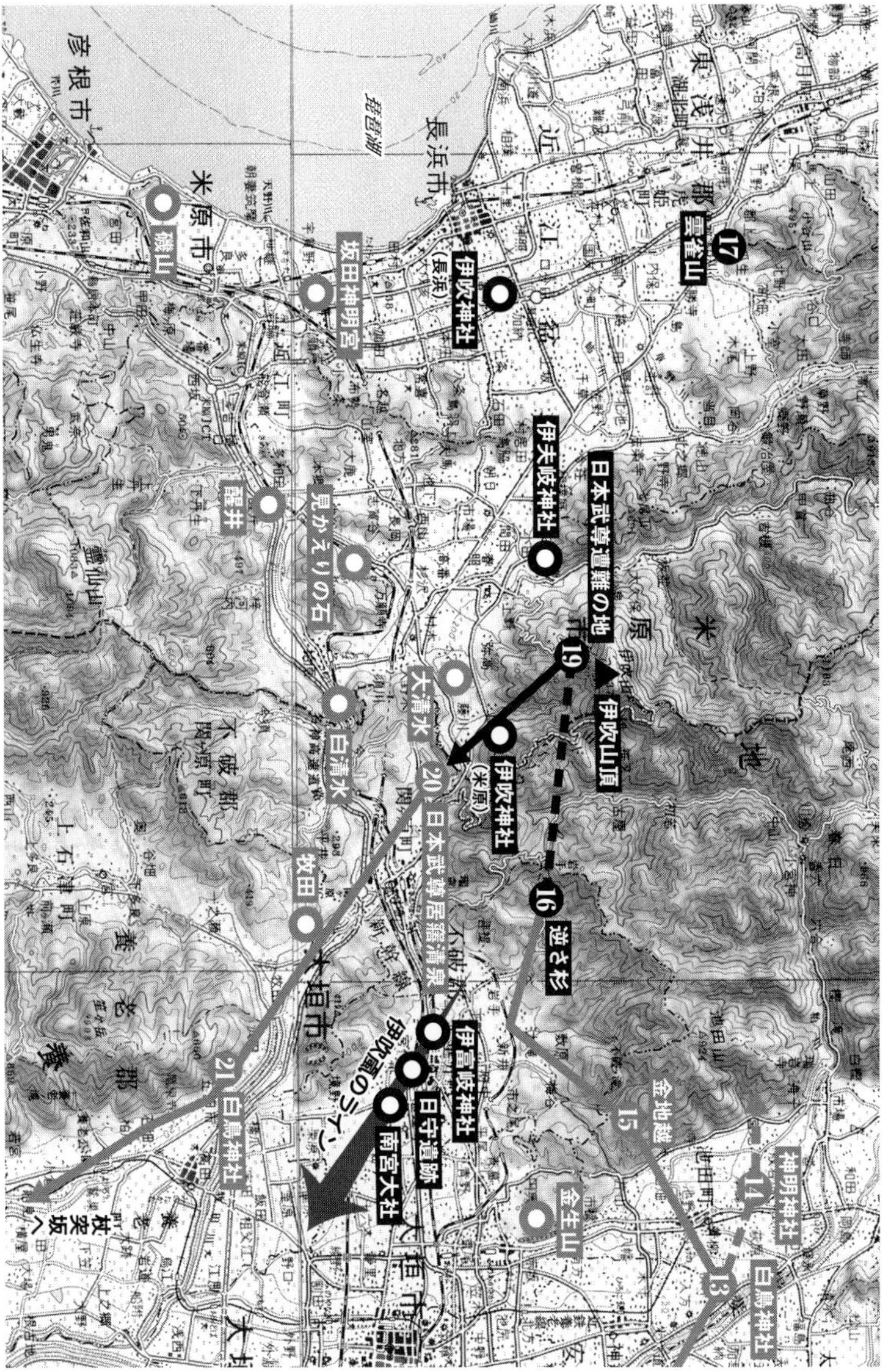
伊吹山頂
日本武尊遭難の地
19
伊夫岐神社
伊吹神社
（長浜）
17
雲雀山
長浜市
琵琶湖
彦根市
米原市
礒山
坂田神明宮
醒井
見かえりの石
大清水
白清水
伊吹神社
（米原）
20
日本武尊居寤清泉
16
逆さ杉
牧田
伊富岐神社
日守遺跡
南宮大社
伊吹颪のライン
21
白鳥神社
杖突坂へ
金生山
金地越
15
神明神社
14
13
白鳥神社
大垣市
不破郡
関ケ原町
養老郡

⑯逆さ杉・杖立《つえたて》明神

逆さ杉自体が御神体であり、祭神は日本武尊。「伊吹山を目指したヤマトタケルは、岩手《いわで》山より尾根伝いに進んだ。途中、杉で杖を作り、この杖を頼りに山頂に着いた。はるか眼下に濃尾の草原が広く続いている。伊吹の山はいまだ遠く高い。しばらくお休みになり、これからは尾根伝いなので杖もいらないとして、力をこめて山頂につきさし、道をお進めになった。不思議なことに杖から根が生え、枝葉が出て大杉になった。里人は、杖を逆に立て置いたので枝が逆に伸びたのだと言い伝え、ヤマトタケルを祀り崇拝している」。大杉は樹齢推定八百年。この杉の木こそが、ご神木であり杖立明神そのものである。

ヤマトタケルの伝承がここにあるのは、敵に悟られないよう奇襲攻撃を仕掛けるための戦略であったのだろうか。

チェックポイント

▲岩手分

▲関ケ原分

◉明神神社

杖立明神は、岩手山頂に奥宮として、関ケ原分と岩手分の二社の祠が隣接してある。また麓には里宮として遥拝《ようはい》所がある。美濃国神名帳には、杖立明神（逆さ杉）、杖本ノ社、杖都岐《つえつき》明神など、杖に関する神社がいくつか見られる。現在、杖本ノ社、杖都岐明神の所在地は不明。

アクセス

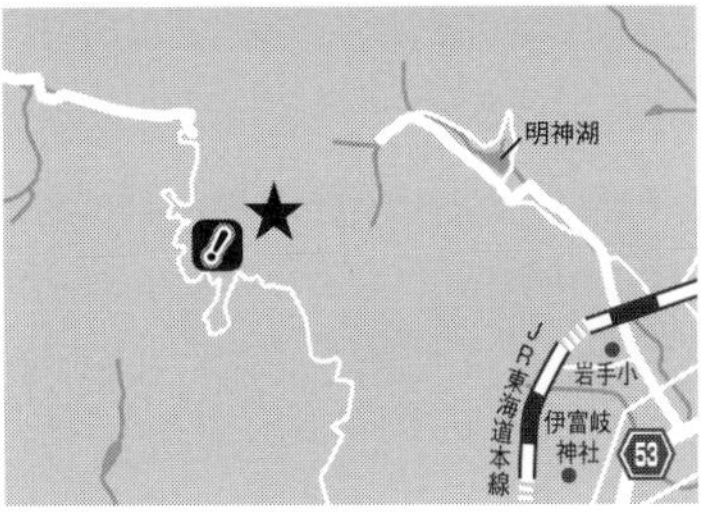

▶逆さ杉・杖立明神

岐阜県不破郡垂井町岩手3052-75

名神高速道路

「関ケ原IC」車51分（10.3km）徒歩10分（0.4km）

峠にⓅあり

インフォメーション

▶杖立明神

御祭神　日本武尊

⑰ 雲雀山《ひばりやま》

「雲雀山」は高さ約八〇メートル、標高一四二・八メートル、東西約一〇〇メートル、南北約八〇〇メートルで、山頂付近にはいくつかの円墳をもつ。麓を北国脇往還が通っており、交通の要衝である。雲雀山にはヤマトタケルが布陣したとする、次のような伝承がある。「ヤマトタケルは伊吹山を見て、このような霊地に拠《よ》る賊ならば手強《てごわ》い大物であろうと思った。十分な用意が必要と考え、しばらくこの山に滞在し、戦備を整えた。まず初めに、山頂に祠を建てて、皇祖天照大神を祀り（中略）…戦備のなったヤマトタケルは、勇んで雲雀山を出発して伊吹山に向かった。その頃は、山の周辺に雲雀が多く棲み、終日空高くさえずって、ヤマトタケルの心を慰めたそうである。そこで『雲雀山』と名付けた」。はたしてヤマトタケルは近江に来たのだろうか。

チェックポイント

◉古矢真《こやま》神社

ヤマトタケルは雲雀山に祠を建てている。これは現在の古矢真神社のことか。古矢真神社は度重なる火災で、昭和二十六年（一九五一）敷地をさらに西に遷して、現在の位置にある。この神社については、神社由緒を刻んだ石が唯一の手掛かりである。大意は次のとおり。

「祭神　経津主《ふつぬし》神、大山祇《おおやまつみ》神、迦具土《かぐつち》神　祭礼日　四月二十八日　ヤマトタケルが東征の帰り道、雲雀山南麓に、下総国香取宮より経津主神を招いて国家安全を祈願され、また第十四代仲哀天皇が新羅征伐の際に、武内宿禰《たけうちのすくね》を使いとして岡山から大山祇神を招いたと伝えられる。この地区は昔から幾度も大火に見舞われ、明治十四年（一八八一）に社殿を改築。これを機に火伏の神として遠州秋葉山本宮より迦具土神を招いて合祀し、毎年鎮火祭を執り行う」

▶雲雀山

滋賀県長浜市湖北町伊部《いべ》

長浜市山ノ前町

▶古矢真神社

滋賀県長浜市湖北町伊部44

北陸自動車道

「長浜IC」車19分（6.3km）

Ⓟなし

インフォメーション

▶古矢真神社

御祭神　経津主神、大山祇神、迦具土神

アクセス

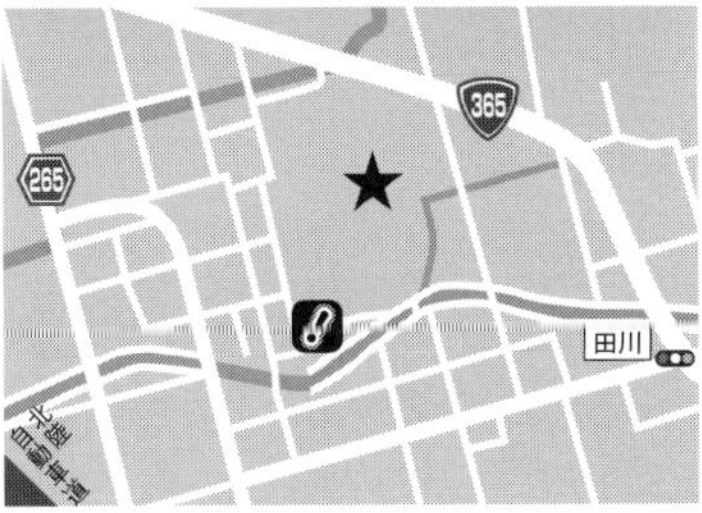

⑱ 佐五地池《さごぢいけ》

いなべ市の古田にはヤマトタケルが伊吹山の戦いに臨む際、古田の北のはずれにあった大将宮《だいしょうぐう》神社に参詣するにあたり、手を清めたという佐五地池が今でも残っている。五～六坪の小さな池である。ご飯をよそうのに使う「杓文字《しゃもじ》」の形に似ていることから、昔から「杓文字池」と呼ばれており、それが訛《なま》って「佐五地池」となったそうである。

古田には、ヤマトタケルの陣所があったという伝承がある。『時村史』によると、最前線「牧田」には（配下の）武将が布陣し、ヤマトタケル自身は、後方「古田」に布陣したようである。古田から牧田まで徒歩で行くのに、地元の人によれば明治～昭和初期には、三～四時間を要したようで、仮にこのような後方に布陣したのが事実とするなら、彼は戦ってはいないのではないか、と疑う必要さえ生じてくる。

アクセス

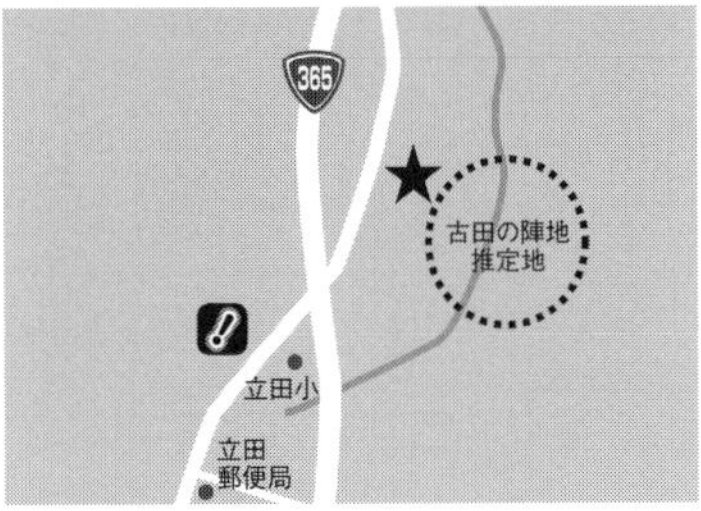

▶佐五地池

三重県いなべ市藤原町古田

〔柵で囲い見学不可〕

▶清水神明社

三重県いなべ市藤原町古田1631

名神高速道路「関ケ原IC」車31分（17km）

Ⓟなし

◀古田の陣地推定地

チェックポイント

◉清水神明社

（通称・大将宮《だいしょうぐう》神社）

ヤマトタケルは杓文字池で手を清め、清水神明社で必勝祈願をしたと伝えられている。祭神は、天照皇大《てんしょうこうたい》神《じん》、日本武尊、大山祇《おおやまつみ》命、品陀和気《ほんだわけ》命、金山彦《かなやまひこ》命、大山咋《おおやまくい》命、稲倉魂《いなくらたま》命、大己貴《おおなむち》命。明治四十二年（一九〇九）、大規模な合祀があった。

インフォメーション

▶清水神明社

御祭神	天照皇大神、日本武尊、大山祇命、品陀和気命、金山彦命、大山咋命、稲倉魂命、大己貴命
創建等	明治42年（1909）、大規模な合祀
社格	村社

⑲日本武尊遭難の地

伊吹山の神が氷雨を降らせ、ヤマトタケルが決定的な敗北を喫した場所である。伊吹山三合目にある、通称「オカメガ原」の西北の高台は、「高屋《たかや》」と呼ばれているが、ここには、大正九年（一九二〇）に造られた石の祠があり、ヤマトタケルを祀る。その祠のすぐそばに「日本武尊」と刻まれた石碑、「日本武尊ゆかりの地」の現地解説がある。

ヤマトタケルの敗因は何だったのか。草薙剣を携帯していなかったため伊勢神宮の神威により守護されなかったとも、「この神は素手で倒してやろう」と言挙げしたことが災いしたともいわれている。『記紀』によれば決定的なのは、神を神の使いと誤った判断をしたことによる。ヤマトタケルの自信、慢心からきたものであった。

チェックポイント

◉**日本武尊と大猪像※**

愛知県刈谷市の彫刻家の手により、平成元年に建立された。当時、滋賀県の景観の補助事業の中に、モニュメント建設のプログラムがあり、旧伊吹町時代に、町の玄関口であり伊吹山を望むこの場所に、県費補助と町費でヤマトタケルの像を建てた。『古事記』では、ヤマトタケルは伊吹山において白い大猪を相手にしたと書かれており、この話がモデルとなっている。

（滋賀県米原市春照《すいじょう》一九一〇ー一）

Topics トピックス

◉**「氷雨」の意味するところ**

伊吹山の神が氷雨を降らせたことは何を意味するのか。私は、矢が雨のように降りかかったことを比喩的に表現したものと解釈する。『記紀』の記述句いて「氷雨」は、文字通り自然現象を指すこともあるが、「戦いの際に、雨のように降り注ぐ矢」を表すと解釈できる場合もある。ヤマトタケルの場合、おびただしい矢を受けたと考えられる。

また、この矢には伊吹山で採れるトリカブトの毒が塗られていて、その毒が原因でヤマトタケルは病を得たのかもしれない。毒矢については多くの論者が指摘している。

アクセス

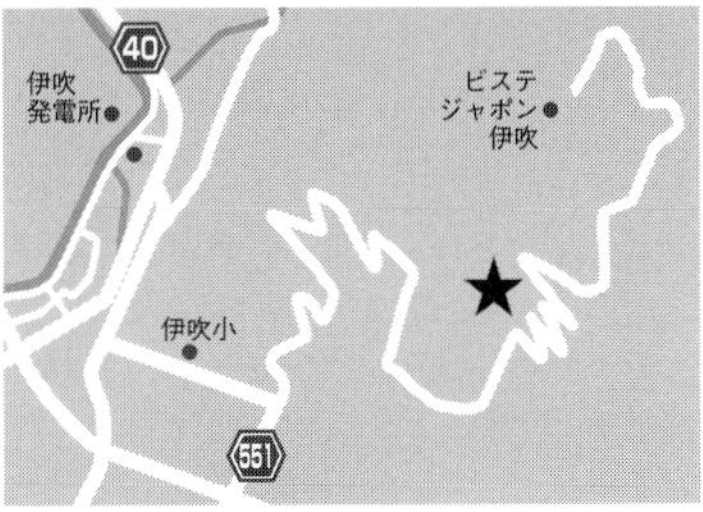

▶**日本武尊遭難の地**

滋賀県米原市上野

Column《コラム》「伊吹山と製鉄遺構」

南宮大社（仲山金山彦神社）※

主祭神は金山彦《かなやまひこ》命、相殿《あいどの》に見野《みの》命、彦火火出見《ひこほほでみ》命を祀るとし、金山彦命を祀ることから金山をはじめ金属一切を司る神として敬われてきた。関ヶ原の戦いの際に焼亡しており、寛永19年（1642）、徳川家光により大規模に再建された。多数の文化財がある。興味深いのは、本殿を真正面から仰いだ延長線が伊吹山の頂上に至るということである。そしてこの線《ライン》に沿って、伊吹颪が最も強く吹くという考えが既に指摘されている。ちなみに、この線上には、伊吹山頂上→伊富岐神社（伊福氏の氏神と考えられる）→日守遺跡（鉄滓《てっさい》が出土しており古代製鉄所跡ともいう）→南宮大社→祖父江砂丘→祖父江町山崎地区（日本一の本数を誇るイチョウの防風林）がみられる。単なる偶然とは思えない。

〔式内社、国幣大社、名神大社、美濃国一宮〕

（岐阜県不破郡垂井町宮代 1734-1）　Ⓟあり

南宮御旅神社※

祭神は金山姫《かなやまひめ》命、豊玉姫《とよたまひめ》命、埴安姫《はにやすひめ》命。創建年月等不詳。南宮大社の創建はこの地であったといい、また南宮大社の御旅所《おたびしょ》となっている。古くから5月5日の例大祭には、南宮大社から当社へ神輿《みこし》等の渡御《とぎょ》（神幸式《しんこうしき》、神輿渡御式ともいう）が行われる。〔村社〕

（岐阜県不破郡垂井町府中 2506）　Ⓟあり

祖父江砂丘から伊吹山（右）と養老山地を望む※

伊吹山頂上から南宮大社に引いた線、これは伊吹颪が最も強く吹くと先に述べたが、更にその線を濃尾平野に延長すると、そこには現在、中部で唯一の河岸砂丘といわれる祖父江砂丘がある。冬、木曽川の水量が少ないとき、砂が強風に巻き上げられてできるものであろう。昭和51年に馬飼《まかい》大橋ができ木曽川の水位が上昇するとともに、砂丘の面積は急激に縮小した。現在、砂丘と呼べる部分は約2ヘクタールほどで、往時の15分の1ともいわれている。ただ昭和初期までは、木曽川および旧木曽川沿いにいくつかの砂丘があったのも事実であるから、砂丘に関する限り必ずしも前頁の伊吹颪の線《ライン》を強調してよいとは限らない。参考として掲載した。

（愛知県稲沢市祖父江町祖父江）　Ⓟあり

日守《ひもり》遺跡※

日守遺跡は、縄文時代晩期から奈良時代の頃の複合遺跡である。石器、土器、鉄器が出土しているが、なかでも鉄器片や鉄滓《てっさい》（製錬及び鍛冶時に出る鉄の滓《かす》）が多く出土しているのが特徴である。伝承では日守には昔、日守長者という豪奢な生活をする者がいたといい、これは伊福《いぶき》氏の一族だといわれる。日守遺跡は製鉄遺跡か鍛冶遺跡かという議論もあるが、今のところは製鉄、鍛冶の両遺跡と考えられている。

（岐阜県不破郡垂井町日守）　Ⓟなし

Column コラム「兄・大碓皇子」

ヤマトタケルが伊吹山で戦っている間、兄・大《おお》碓《うす》皇子はどうしていたのだろうか。景行天皇四十年七月、蝦夷《えみし》征討を命じられそうになると逃げ隠れ、天皇に責められて美濃に封じられた。

ヤマトタケルとは正反対の性格だったようで、伊吹山の戦いにも参加していない。参戦しないながらも、どちらかに味方して影響力を及ぼすようなこともない。しかも兄弟のかかわり合いが史料にはみられない。大碓皇子の最期は、毒蛇に噛まれて亡くなったといい、猿投《さなげ》神社（愛知県豊田市）に祀られている。

一部の地域では、双子の兄弟はどちらかが左利きだという迷信があり、大碓皇子は左利きと伝わる。そのため、猿投神社には左利き用の鎌が奉納されている。

猿投神社※

(愛知県豊田市猿投町大城 5)

第四章　伊勢路編

⑳ 日本武尊居寤清水
㉑ 桜の井・白鳥神社
㉒ 杖突坂
㉓ 大上宮（大将神社）

居寤《いさめ》の清泉《しみず》から「当芸《たぎ》の野の上《へ》」

伊吹山での戦いに敗れたヤマトタケルは居寤《いさめ》の清泉で正気を取り戻し、ここを出発して、「当芸の野の上」に到着した。『古事記』からその部分を引用する。

「其地《そこ》より発たして、当芸《たぎ》の野の上《へ》に到りましし時、詔《の》りたまひしく、『吾が心、恒《つね》に虚《そら》より翔《かけ》り行かむと念《おも》ひつ。然るに今吾が足得歩《えあゆ》まず、当芸当芸斯玖《たぎたぎしく》成《な》りぬ』と詔りたまひき。故、其地を号《なづ》けて当芸と謂《い》ふ」

（訳）そこからお立ちになり、当芸の野のあたりにお着きになられた時に仰せになるには、『私の気持ちは、いつも空を飛び翔て行こうと思っていた。ところが今、私の足は歩けなくなり、がくがくとしてしまい思うように歩けなくなった』と仰せになった。それで、そこを名づけて当芸という

『古事記』にはヤマトタケルの足跡は「居寤《いさめ》の清泉《しみず》→当芸《たぎ》→杖衝坂→尾津」と見える。つまり「当芸の野の上」は「居寤の清泉」と「杖衝坂」の間ということになる。この間で「野」と言える場所を探すとなると（「野」とは、現在の意味合いとは違い山の緩やかな斜面というほどの意味だから）等高線で緩やかな部分を探せばその場所は限定されてくる。

まさにこの部分には、現在の養老町内の桜井と上方《うわがた》の白鳥《しらとり》神社、そして大《だい》菩《ぼ》提寺《だいじ》の境内には「当芸野」

の石碑があり、このあたりが『古事記』で語られている「当芸の野の上」だろうと推測できる。なお、諸文献では「当芸野」となっているが、私は「当芸の野」と読んだ方がよいと考え、これで統一した。

養老山地東麓沿いは、早くから伊勢街道が開かれていた。この街道は「みゆきみち」と呼ばれたことがある。この「みゆきみち」を通って当芸の野を南下すると円満寺山、駒野といったところを経る。このあたりから養老山地（多度山）南端近くまでは古墳が多く、ヤマトタケルの時代から栄えていたと思われる。また駒野付近には東天神社（岐阜県海津市南濃町奥条入会天満社九八）があり、ヤマトタケルが足跡を残したともいわれている。

伊吹山ののち尾張に帰ったのか

伊吹山戦役ののち、ヤマトタケルは尾張に帰ったのか、という問題について、ここで触れておきたい。『記』においてヤマトタケルは、養老山地東麓を「当芸→杖衝坂→尾津」と進んでいく。一方『紀』では、尾張には入ったものの、ミヤスヒメには会わずに尾津へと進んだとある。ヤマトタケルの墓は、名古屋市熱田区にある「白鳥古墳《しらとり》」だとの伝承もあるが、『紀』からは読み取れない。『先代旧事本紀《せんだいくじほんぎ》（旧事紀《くじき》）』には、ヤマトタケルは尾張で没したことが書かれており、仮にそれを信ずれば、彼の墓は「白鳥古墳」という可能性はある。

この問題について本書では、三重県下にヤマトタケルの足跡、伝承が数多くあることを理由に『古事記』の説をとり、養老山地東麓を南下したとして話を進める。

【地図】伊勢路・東近江

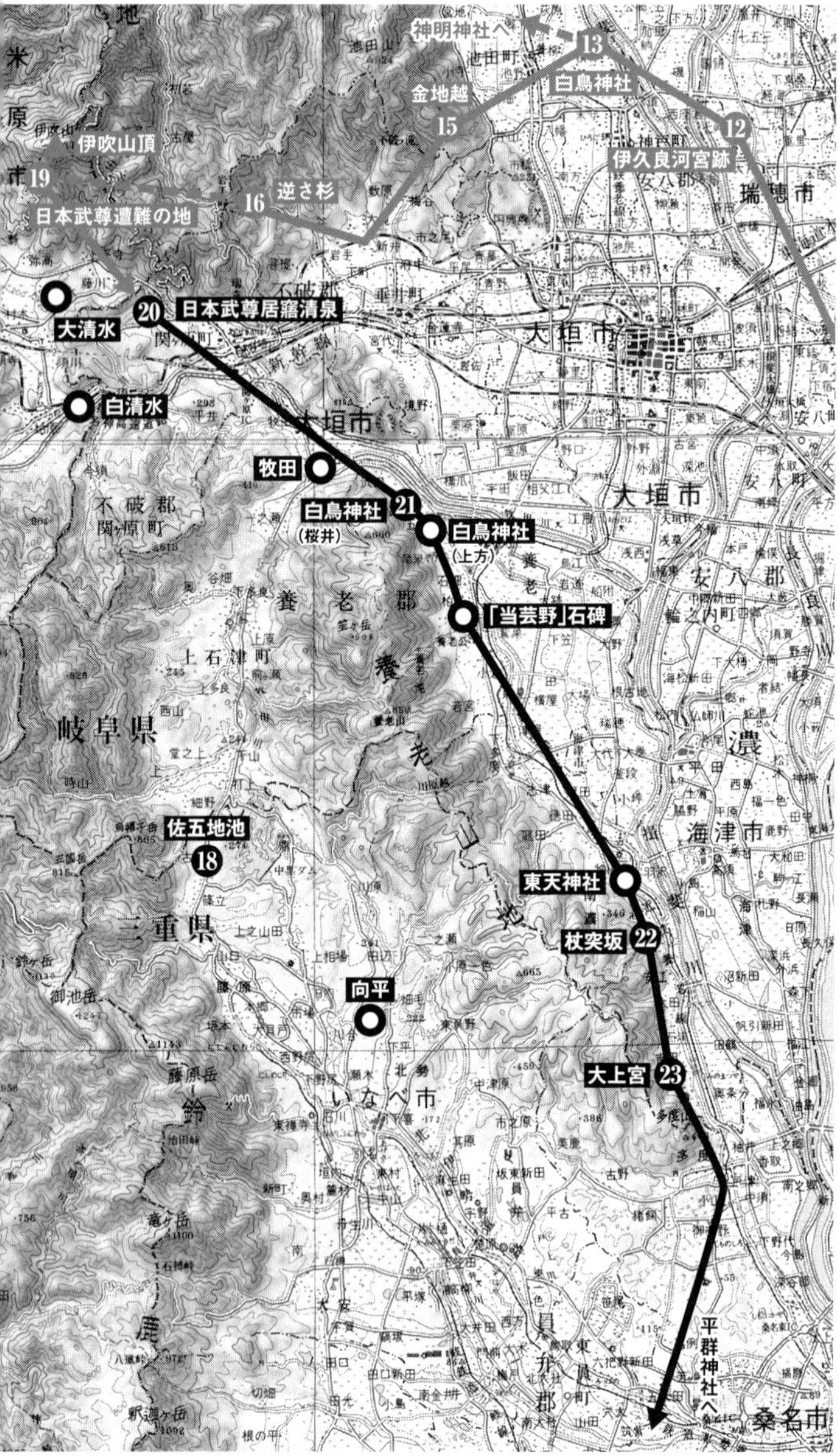
神明神社へ
13
白鳥神社
金地越
15
12
伊久良河宮跡
瑞穂市
伊吹山頂
19
逆さ杉
16
日本武尊遭難の地
大清水
20
日本武尊居寤清泉
大垣市
白清水
牧田
白鳥神社
21
(桜井)
白鳥神社
(上方)
「当芸野」石碑
岐阜県
佐五地池
18
海津市
東天神社
三重県
杖突坂
22
向平
大上宮
23
いなべ市
平群神社へ
桑名市

17
雲雀山
東浅井郡
長浜市
琵琶湖
近江盆地
坂田神明宮
見かえりの石
醒井
米原市
磯山
彦根市
腰掛石
白鳥神社
犬上郡
神崎郡
白鳥神社
愛知郡
滋賀県
近江八幡市
蒲生郡
建部神社
白鳥町、白鳥川
奥石神社
東近江市
※白鳥神社４社
白鳥若宮神社２社
ヤマトタケルの墓
（旧永源寺町）

⑳日本武尊居寤清水《いざめのしみず》

関ヶ原鍾乳洞の入口付近にある湧き水を「日本武尊居寤清水」、別名「玉倉部の清水」と呼んで、「居寤の清泉（玉倉部の清泉）」の候補地とされている。「玉」という大字地名が『古事記』にいう「玉倉部の清泉」の「玉」と合致するからである。

ここは伊吹山の遭難の地からの距離を考えたとき、苦労して到着したという『日本書紀』の記述に最も即しているように思われる。またここからは、近江よりも美濃へ出るのに容易であり、ヤマトタケルが養老山地の東麓を進んだことと結びつけやすい。「居寤の清泉」とされるのは主なところだけでも四か所あるが、その中では最も東にあり、唯一美濃に位置している。ただ、「玉」という地名自体が後述の「醒井」「たけくらべ」同様、後世の仮託である可能性は否定できない。

アクセス

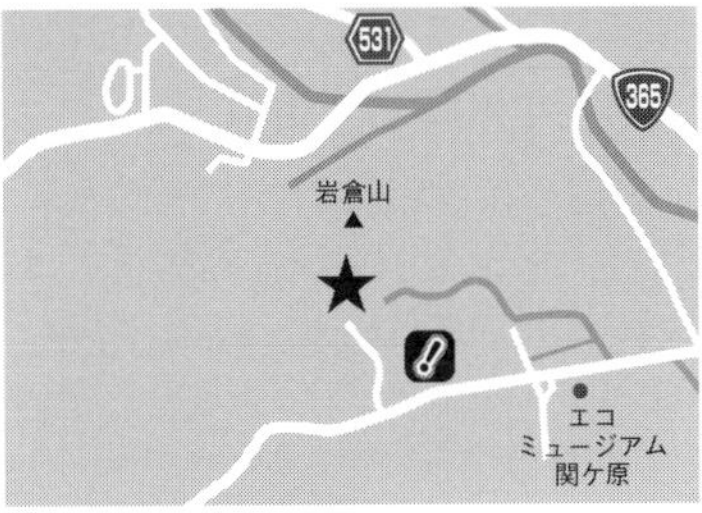

▶日本武尊居寤清水

岐阜県不破郡関ケ原町玉字柳之上1327-2

名神高速道路

「関ケ原IC」車16分（5.5km）

Ⓟあり

▶日本武尊の腰掛岩

岐阜県不破郡関ケ原町玉字長尾1435-33

名神高速道路

「関ケ原IC」車11分（4.8km）

Ⓟなし

チェックポイント

◉日本武尊の腰掛岩

「ヤマトタケルは伊吹山の荒神による毒気にあたり、酒に酔えるがごとくになって山を下った。幸い湧き出ていた水を飲み、休憩したら回復したので杖にすがって伊勢方面に立ち去った。その時、尊が腰掛けた」という伝承の腰掛岩がここにある。

Topics トピックス

◉弾薬庫

このあたりには、大正三年に建設された旧日本軍の広大な弾薬庫群があった。今でも多くの弾薬庫がそのまま残されている。

Column《コラム》「居寤の清泉《しみず》」

ヤマトタケルは、伊吹山の戦いに敗れ、伊吹山の麓の「居寤の清泉」で正気を取り戻した、とされる。現在、伊吹山麓には湧水地、清水が無数に存在する。従って「居寤の清泉」が何処であるかについては、古くからさまざまな説がある。

（A）大清水（滋賀県米原市大清水）
（B）白清水《しらしょうず》（滋賀県米原市柏原《かしわばら》）
（C）醒井《さめがい》（滋賀県米原市醒井）
（D）玉（玉倉部の清水）（岐阜県不破郡関ケ原町玉）

その他
（E）ケカチの湧《ゆ》（滋賀県米原市上野）
（F）小碓《おうす》の泉（間田《はざまた》の長曽《ながそ》）（滋賀県米原市間田）
（G）臼谷（滋賀県米原市春照《すいじょう》）

『記紀』における清水の名称については、「玉倉部《たまくらべ》の清泉《しみず》」及び「居寤《いさめ》の清泉」という『古事記』表記と、「居醒井《いさめがい》」という『日本書紀』表記の三種類がある。

ヤマトタケルが清水にたどり着くまでのようすは、『日本書紀』に、「山の峰は霧で、谷は暗く行くべき道がわからない。そのためさまよってどこを歩いているのか知ることができなかった。しかし霧をしのいで無理やり進んだ。なんとか霧から出ることができた。」とあることから、ヤマトタケルは清水に到着するまでに相当歩き回り、やっとたどり着いたようである。

大清水・泉神社〔村社〕

泉神社の境内から湧き出る清水は、大旱《おおひでり》にも枯れることはないという。それ故「大清水」の地は、大昔には「大泉」と称したと伝えられている。この一帯は縄文中期頃から人々が住みつき、天智天皇の頃には御領所となり天泉所《てんせんしょ》と名付けて伊吹の大神を水の神として祀ったという。これが泉神社である。この神はもともと素盞嗚《すさのお》命、大己貴《おおなむち》命の二柱だともいわれている。昭和 60 年（1985）に環境庁「日本名水百選」に指定され、湧出量は一日あたり約 4,500 トン。ヤマトタケルに関しては、「伊吹山の蝦夷征伐にむかわれ、毒霧にあてられ失意酔えるが如くなられた時の『居醒水』と伝えられ」ている、と現地解説にある。

（滋賀県米原市大清水 1166）

アクセス　東海道本線「柏原駅」徒歩50分（4km）、名神高速道路「関ケ原IC」車19分（8.9km）
Ⓟあり

白清水

昔から里人は、「白清水」と呼んでいたが、「玉の井」と称したともいう。中世仏教説話「小栗《おぐり》判官《はんがん》照手《てるて》姫《ひめ》」には、姫の白粉《おしろい》で清水が白く濁ったことから白清水というようになったとある。江戸時代まではこの一帯を「たけくらべ」と呼んでいたが、これは上古に「玉倉部」と呼んだ地名が後世になまったものと地元では伝えられている。『古事記』にいう「玉倉部」が転化したものということは十分考えられるが、ここは伊吹山の麓というには、やや遠いようである。

（滋賀県米原市柏原）

アクセス　東海道本線「柏原駅」徒歩13分（1km）、名神高速道路「関ケ原IC」車11分（6.9km）
Ⓟなし

醒井《さめがい》

醒井には、清水が湧き出ているところに、「蟹石、腰掛石、鞍懸石《くらかけいし》」という３つの岩がある。「腰掛石」は、ヤマトタケルが伊吹山戦役で熱病にかかった際、この石に腰をかけて体を冷したことからこの名がついたとされる。「鞍懸石」は以前「鐙《あぶみ》石」と呼ばれていたようだが、『記紀』の記述からは、馬を使用したとは考えられない。清水の候補地の中で最も有名な、この醒井の地名は『日本書紀』の「居醒泉《いさめがい》」からきている。しかしここも伊吹山の麓というには遠過ぎはしないだろうか。また、仮に醒井が清水の地であれば、ヤマトタケルはそこから琵琶湖沿いにヤマトへ向かうのが自然のように思われる。そうなると、『記紀』にあるように養老山地の東麓へ、わざわざ回り道をしたことが不自然である。また醒井という地名自体が後世の仮託ではないかとも考えられる。写真のあたりに清水（湧き水）があり、地蔵川となって天野川（旧息長川）に合流し、琵琶湖へ注ぐ。

（滋賀県米原市醒井）

アクセス　JR 東海道本線「醒ケ井駅」、徒歩 10 分（0.7km）　Ⓟなし

日本武尊像「燎原《りょうげん》」

題名を「燎原」といい、地元の彫刻家、森大造の作である。昭和 14 年（1939）に開催され、一時中断したものの翌年に再開されたニューヨーク万国博覧会の日本館を飾るべく出品された木彫像をもとに制作されたブロンズ像である。森大造は、明治 33 年（1900）4 月、醒井村上丹生の生まれで、昭和 63 年 8 月に亡くなる。木彫の「燎原」は、桜材による昭和 13 年の作品で、第二回文部省美術展にも出品された。この像の近くに「森大造記念館」がある。

（滋賀県米原市醒井）

「居寤の清泉」伝承地分布図

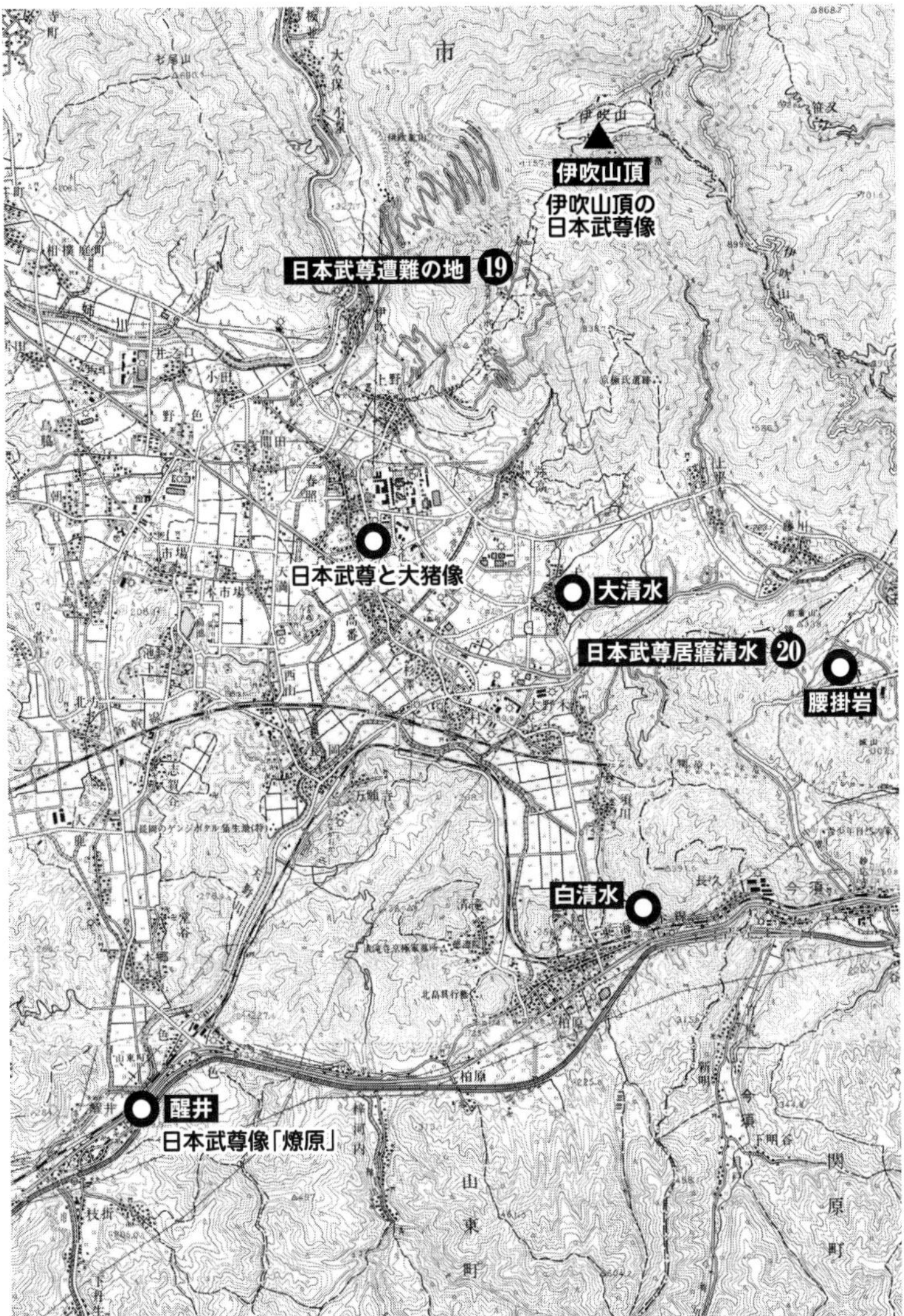

㉑ 桜の井・白鳥《しらとり》神社（桜井）

祭神は不詳としながらも、あるいは日本武尊である、とされている。伝承では、「境内に井戸があって、その水質が、桜のように甘美であるというので村名を桜井と名づけたといい、ヤマトタケルが伊吹山からの帰りにここで休息し、この水を賞味した」ということである。また他の伝承には、日照りの続いたとき、桜井の白鳥神社の池の水をかき出すと必ず雨が降ったとある。境内の「日本武尊遺跡桜の井」は町史跡に指定されている。

近年になって、ここを含めた付近の湧水量が激減したと聞く。また、ここから少し南へ行った所に、日本武尊を祀る上方《うわがた》の白鳥《しらとり》神社がある。

チェックポイント

◉**「当芸野」石碑**

養老山大菩提《だいぼだい》寺（臨済宗）には、「当芸野」の石碑がある。住職によれば、昭和五十年代の終わり頃、郷土史を研究していた古老から、このあたりが「当芸野」であったろうという話があり、それを受けた養老町役場からの要望により、建てられたとのことである。境内には観世音菩薩と水琴窟《すいきんくつ》がある。

白鳥神社（上方）〔村社〕

境内のイチョウとカヤは養老町指定天然記念物。

インフォメーション

▶白鳥神社（桜井）

御祭神	日本武尊
社格	村社
文化財等	桜の井（養老町指定史跡）、ケヤキ（養老町指定天然記念物）

アクセス

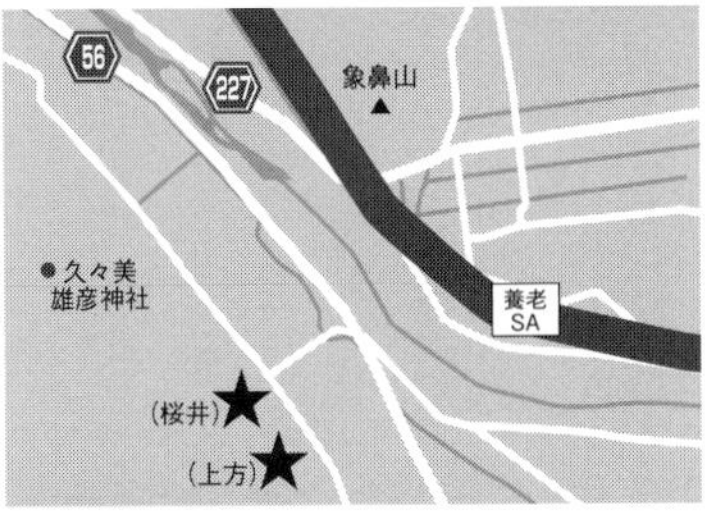

▶白鳥神社（桜井）

岐阜県養老郡養老町桜井479

名神高速道路

「関ケ原IC」車19分（8.4km）Ⓟなし

▶白鳥神社（上方《うわがた》）

岐阜県養老郡養老町上方407-1

名神高速道路

「関ケ原IC」車19分（9.1km）Ⓟなし

▶大菩提寺

岐阜県養老郡養老町養老1193

養老鉄道

「養老駅」徒歩13分（0.9km）Ⓟあり

㉒杖突坂《つえつきざか》

ここには、「日本武尊杖突坂」の石碑がある。また三重県四日市市采女《うねめ》町にも「杖衝坂」（126頁）がある。後者の方が有名であり、定説でもあるようだ。『古事記』における、「杖衝坂」の記述は次のとおり。「そこを名付けて当芸という。（ヤマトタケルは）そこよりやや少し行かれると、たいへんお疲れになられたので、杖をおつきになって少しずつお歩きになられた。そこで、その地を名付けて杖衝坂という。尾津の前の一つ松のところに到着なされて、……」

ただ古代の山沿いの道は、かなり高低差があったので、どこでも杖衝坂となりうる、ともいえる。ヤマトタケルとはかかわりがないが、ここには次のような伝承もある。「夜、杖つき坂を下ったとき、キツネが花嫁の姿で前を歩いていた。小さな咳をしたら、消えてしまった」

チェックポイント

◉みゆきみち

伊勢街道は、別名「桑名街道」とも「御幸道《みゆきみち》」とも呼ばれていた。この道は平坦ではなく、かなり高低差があった。「日本武尊近江国伊吹山の山賊を征し、伊勢国に還り給ひし時の御通路なり」という伝承がある。

（岐阜県養老郡養老町）

Topics トピックス

◉海津市内の貝塚

岐阜県内には二つの貝塚があり、二つとも海津市内にある。これらは往古、海が現在の内陸まで入り込んでいたことを物語っている。

庭田《にわだ》貝塚　（岐阜県海津市南濃町庭田）

時代　縄文時代前～中期（貝層は中期のもの）

羽沢《はざわ》貝塚　（岐阜県海津市南濃町羽沢）

時代　縄文時代中～晩期（貝層は晩期）、弥生時代後期、古墳時代後期

アクセス

▶杖突坂

岐阜県海津市南濃町《なんのうちょう》上《うえ》野《の》河《こう》戸《ず》

養老鉄道「美濃山崎駅」徒歩21分（1.6km）

Ⓟなし

㉓大上宮《だいじょうぐう》（大将神社《たいじょうじんじゃ》）

祭神は、日本武尊。ヤマトタケルは「杖衝坂」を過ぎ、ここ松山で休息した。このとき泉の水を飲んだと伝えられる場所が大上宮である。

現地解説には「このあたりへ来た時、尊が衰弱しているのをみた村人が温かいお粥《かゆ》を作ってさし上げたところ、たいへんお喜びになり、元気を回復して大和めざして行かれた」とある。地元で「大上宮」という名前で親しまれているのは、ヤマトタケルがこのときいわゆる皇族将軍として「大将」の地位にあり、「大将」が「大上」となったことによる。ヤマトタケルがここに滞在したとも、一泊して更に南下したともいわれる。

地元の人たちに館でも建ててもらったのであろうか。ヤマトタケルは、大上宮で冬を越したとも考えられる。本来の大上宮は、ここを少し下ったところにあったという。

チェックポイント

◉大上宮近辺の散策

大上宮の近くには、円城寺谷古墳群がある。このあたりは、早春には梅が、四月になると、天然の山桜が美しい。また晩秋から初冬にかけては、南濃ミカンが有名である。ここからは、濃尾平野を一望に見渡すことができ、四季を通じてのどかな風景が楽しめる。本来の大上宮は麓のみかん畑の中にあったという。そこには建物を建ててはならないといわれている。

インフォメーション

▶**大上宮(大将神社)**

御祭神　日本武尊

社格　無格社

アクセス

▶**大上宮**

岐阜県海津市南濃町松山字辰ヶ平1563-1

養老鉄道「美濃松山駅」

徒歩18分(1.4km)　Ⓟなし

▼大上宮のあった場所
(岐阜県海津市南濃町松山)

Column《コラム》「近江のヤマトタケル」

ヤマトタケルの伝承は、滋賀県の琵琶湖東岸にもみられる。磯山、山田神社、腰掛石、白鳥《しらとり》神社、奥石《おいそ》神社、建部《たてべ》神社、旧永源寺町など、広く分布している（96、97頁）。ここではその一部を紹介する。

ヤマトタケルは、近江の雲雀山《ひばりやま》に陣を張ったという伝承を先に述べた（82頁）。雲雀山の伝承を重視すれば、ヤマトタケルが伊吹山の戦いで敗れた後の足跡は近江の伝承と結びつけやすくなる。そうなると、醒井はヤマトタケルが水を飲んだ場所だという話もありうることになる。ただ、そうした場合でも、『記紀』に書かれた場所との相違があり、違和感は残る。しかしながら、たとえ『記紀』にはなくても、近江回りのルートの方が正しかったのではないかと思われる要因がいくつもある。

磯山《いそやま》、礒崎《いそざき》神社

琵琶湖畔に磯山という小高い山がある。ここには礒崎神社があり、祭神は日本武尊。磯山は古墳群であることが確認されている。「ヤマトタケルは伊吹山の戦いの後、このあたりで亡くなり、磯山はヤマトタケルの墓になっている」という伝承がある。また別の伝承では、「礒崎神社は別名を白鳥神社という。ヤマトタケルは伊吹山で戦った後、伊勢国能煩野で亡くなったが、その後白鳥と化してこの地に飛来したので、墓を造り祠を建てた」という。この磯山の古墳群は、このあたりを治めていたヤマトタケルの皇子、息長田別王《おきながたわけのみこ》一族が被葬者だという見方が強い。〔村社〕

（滋賀県米原市磯2484）

アクセス　名神高速道路「彦根IC」車13分（5.7km）　Ⓟなし

実際に東近江にはヤマトタケルの足跡が多い。それに『記紀』のように岐阜県の養老山地東麓を通り、三重県からヤマトへ入るよりも、近江（滋賀県）からの方が近くて便利なのは明白であろう。ヤマトタケルの第三妃布《ふ》多遅比売《たじひめ》（『記』）は、近江安（野洲《やす》）の出身であり、彼が近江を通ってヤマトに帰ろうとすれば、安氏は通行の便宜を図るはずである。

また、東近江市の旧永源寺町内には、ヤマトタケルを祀る白鳥神社（四社）、白鳥若宮神社（二社）があるほか、彼の墓だといわれる伝承地がある。昔このあたりは東大寺領であり、東大寺が意図的にヤマトタケルの伝承地を作ったのではないかと考えられている。

近くに建部《たてべ》神社があることから、ヤマトタケルの事績を残そうと、ヤマト政権により各地に設置された建部《たけるべ》の存在も無視できないと思われる。

見かえりの石

見かえりの石というのは、伊吹山での戦いの後、ヤマトタケルがこの石に腰掛けて伊吹山を見返った、という石のことである。高さ１メートルほどの先の尖《とが》った大きな石で、この形状と大きさならば、背もたれにしたのではないかと思われる。道路工事のため、元の位置から少し移動されたといわれている。農業用道路の傍らにあるが、現在は地元の方しか入れないように柵が施してあり、一般の見学はできない。写真、石の後方は伊吹山。

（滋賀県米原市長岡）

農業道路につき見学不可

坂田神明宮※

坂田神明宮内に、坂田宮と岡神社がある。二社は神明造り（伊勢神宮正殿の形式）であり、ほぼ同じ形・同じ大きさで左右に並んでいる。向かって右側が坂田宮で天照皇大神を、左側が岡神社で豊受毘賣《とようけびめ》命を祀る。伊勢神宮と同様、内宮・外宮の形式をとっており、ヤマトヒメゆかりの地である。もしヤマトタケルの墓が磯山だとすると、ここで病の療養をし、あるいはこのあたりで亡くなったことも考えられる。〔式内社、県社〕

（滋賀県米原市宇賀野835-2）

アクセス　JR北陸本線「坂田駅」徒歩３分（0.2km）
　　　　　北陸自動車道「米原IC」車９分（4.5km）　Ⓟあり

（写真：坂田神明宮提供）

建部《たてべ》神社※

近江におけるヤマトタケル伝説は、このあたりを中心にして広まったと考えられる。主祭神は、日本武尊、稲依別王《いなよりわけのみこ》、大国主《おおくにぬし》命、事代《ことしろ》主《ぬし》神。景行天皇46年にヤマトタケルの子、稲依別王が祀ったことに始まる。大津市にある近江国一宮の建部《たけべ》大社は、この建部神社を分祀して創建された経緯がある。稲依別王は『古事記』によると、ヤマトタケルの第三妃・布多遅《ふたぢ》比売《ひめ》との子で、「稲依別王は、犬上君、建部君等の祖」とある。〔村社〕

（滋賀県東近江市五個荘伊野部町457）

アクセス　近江鉄道本線「河辺の森駅」徒歩17分（1.4km）
　　　　　名神高速道路「八日市IC」車10分（5.8km）　Ⓟあり

第五章　北勢編

㉔ 平群神社
㉕ 足洗池
㉖ 玉葛水
㉗ 足見田神社
㉘ 杖衝坂

三重の勾《まがり》の如くして

ヤマトタケルは養老山地東麓を南下し、尾津に到着した。「尾津」は多度山《たど》（四〇三メートル）の麓《ふもと》に位置し、桑名市多度町戸津、小山付近をさす。古くはこのあたりを「尾津前《さき》」（または「大津」「遠津」）と言い、船着場であった。ヤマトタケルは東征の際、尾津に宿泊し剣を忘れて船で尾張へ行ってしまったという。

『古事記』には、その先の行程について次のような記述がある。

（訳）そこ（尾津）よりお出ましになられ、三重の村に到着されたとき、『私の足は三重に曲がってしまったようで、とても疲れた』と仰せになった。そこで、その地を名づけて三重という

ヤマトタケルの足はますます悪くなるばかり。しかしさらに歩み続ける。

『古事記』の「三重」の地は説が分かれており、はっきりしていない。「洗足池」「御池沼沢」「足見田神社」などが有力候補とされている。能煩野《のぼの》まで来たが、故郷を思いつつ短い生涯を終える。『日本書紀』は、三十歳だと伝えている。

金属産業に関わる多度大社

ヤマトタケルが各地を遍歴したのは、金属に関する利権の調整だともいわれている。そして最後には自身が鉱毒に冒されてしまった。こう指摘する声も多い。本書における彼の足跡の周辺には、「祖父江」「金屋」（岐阜県養老町）、「鍛冶屋」（滋賀県浅井町）など、確かに金属にかかわる地名が多い。

岐阜県海津市と三重県桑名市にまたがる多度山の麓には多度大社〔式内社、国幣大社、名神大社〕がある。ヤマトタケルには関係がないが、少し触れておきたい。

多度大社というのは、本宮「多度神社」、別宮「一目連《いちもくれん》神社」、摂社「美《うつくし》御前《ごぜん》社」及び末社の総称である。初めは多度山を神体山として仰いでいたが、雄略天皇の御世、初めて社殿が建てられたという。奈良時代には神宮寺が建立され、隆盛を誇った。一目連神社の祭神「天《あめの》目《ま》一箇《ひとつ》命（一目連）」は、父「天津彦《あまつひこ》根《ね》命」を助けて北伊勢地方を開拓したといわれる。金属工業の始祖でもあり、天変地異があるとき諸難を救い、時に龍神となって日照りには雨を降らせるともいう。一目連は片目の龍神なので「一目竜」とも呼び、雨乞いの神、風難除けの神として農民、漁民の厚い崇敬がある。

片目の神様というのは金属工業に携わる人たちが、火を見ることで目を傷めたさまを反映するものだともいわれている。南宮大社とともに、金属にかかわる神社が養老山地の北と南に存在することは興味深い。

各地で片目の動物の伝承に接することがあるが、こういった伝承も、あるいは金属にかかわるものかもしれない。

尾津遠景
（三重県桑名市多度町戸津・小山付近）

船着社《ふなつき》※

祭神は、底筒之男神《そこつつのおのかみ》、中筒之男神《なかつつのおのかみ》、表筒之男神《うわつつのおのかみ》。創建年月等不詳。神社の名称からもわかるように、この神社は往古船着場であり、昔の海岸線はここまできていた。なお「多度町史」には「当時この神社は船着場であって、船を繋《つな》いだという樟《くすのき》の古趾がある。また碇《いかり》塚などの名残が近くにある」とあるものの、これらの所在地は不明。〔村社〕

（三重県桑名市多度町肱江 1248）

アクセス　養老鉄道「多度駅」徒歩９分（0.8km）　Ⓟなし

【地図】北勢地区

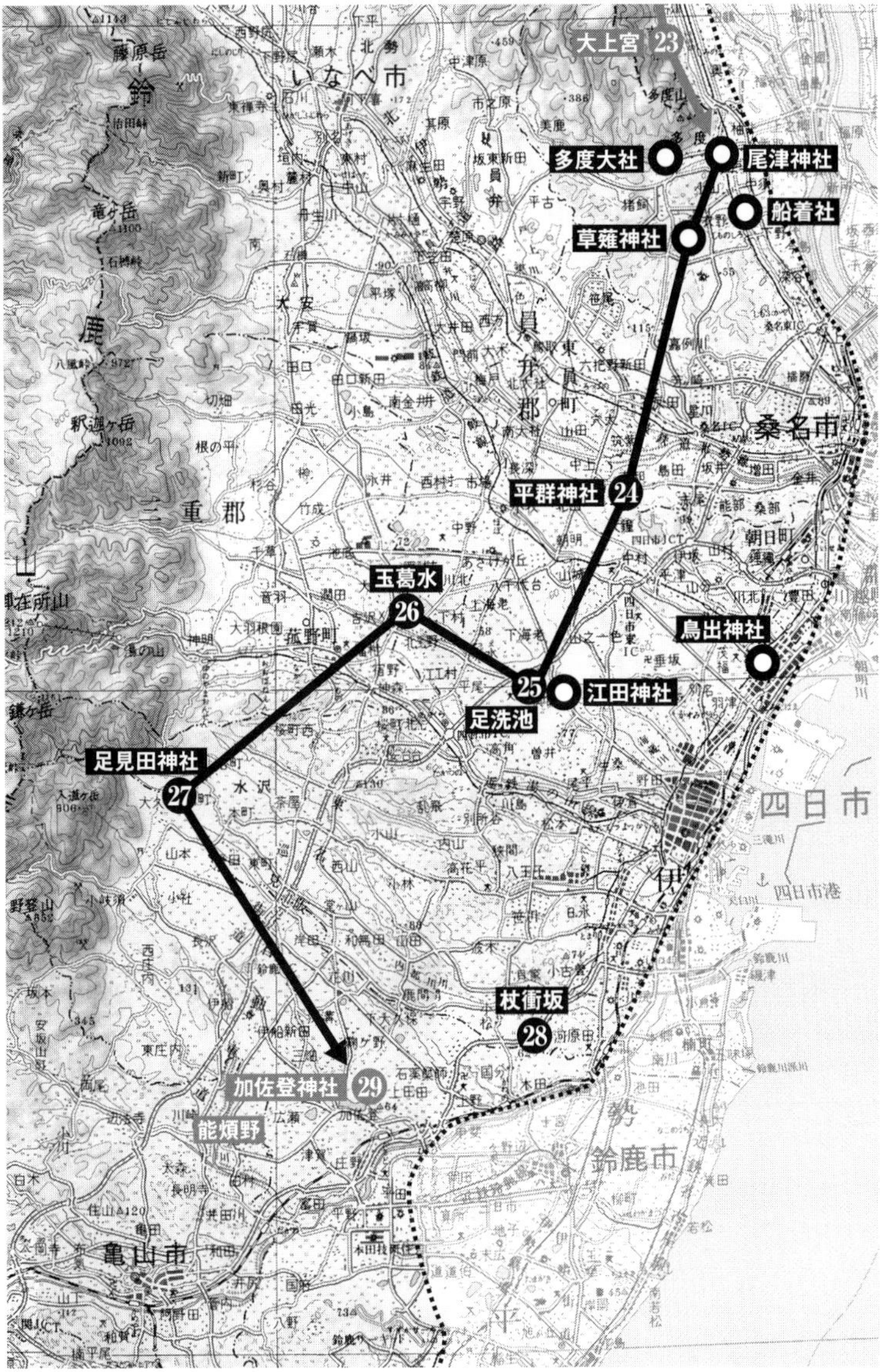
大上宮 23
多度大社
尾津神社
船着社
草薙神社
平群神社 24
玉葛水 26
25 江田神社
足洗池
鳥出神社
足見田神社 27
杖衝坂 28
加佐登神社 29
能煩野
いなべ市
桑名市
四日市
鈴鹿市
亀山市
三重郡
員弁郡
藤原岳
竜ヶ岳
釈迦ヶ岳
鎌ヶ岳
野登山
四日市港

Column コラム「三つの尾津神社（草薙神社）」

旧式内社尾津神社は、次の三つ、即ち、草薙神社（御衣野《みその》）、尾津神社（小山）、尾津神社（戸津）のいずれかだとされている。従っていずれとも決めかねる以上、三社とも式内社扱いにする。なお「おづ」「おず」の読みがなは、『三重県神社誌』によったが、厳格な使い分けはされていない。

『古事記』では、（伊吹山の戦いののち）ヤマトタケルが尾津の前の一つ松のところに到着したとき、（東征の際に）そこに忘れてしまった刀が、失くならずにあった。そこで次の歌を詠んだことになっている。

「尾張に　直《ただ》に向へる
尾津の崎なる　一つ松
あせを　一つ松　人にありせば
大刀《たち》佩《は》けましを　衣著《きぬき》せましを
一つ松　あせを」

草薙神社、日本武尊尾津前御遺蹟

祭神は、倭建命、稚武彦《わかたけひこ》命。もと八剣宮と称した。創建年月などは不詳。式内社尾津神社だとする説もある。

現在、草薙神社は、近隣十数軒の草薙姓の人々が管理している。この草薙一族は、ヤマトタケルの子孫だとも、ヤマトタケルに協力した人の子孫であるとも伝えられている。以前このあたりでは代々草薙氏が養蚕を行っており、熱田神宮の神官が身に着ける為の絹（御衣《みそ》）を反物にして奉納する習わしがあったといい、御衣野という地名の由来ともいわれる。『勢陽雑記』によると、「爰《ここ》は古日本武の尊かくれさせ給ふ所なり」「能褒野は今の溝野なるべし」という。さらに「ヤマトタケルがノボノ墓から白鳥となって飛んで行った時、群臣が棺を開いて見ると、遺体は無く明衣《みそ》だけが残っていた。このことから、この地を改めて明衣野という」との言い伝えを載せている。〔式内社〕

（三重県桑名市多度町御衣野 2268）

アクセス　養老鉄道「下野代駅」徒歩 20 分（1.6km）　Ⓟなし

尾津《おづ》神社

祭神は、倭建命、足鏡別命《あしかがみわけ》、大山津見神《おおやまつみ》、不詳、八衢比古神《やちまたひこ》、八衢比売神、衝立久那戸神《つきたつくなど》。創建年月等不詳。〔式内社、村社〕

（三重県桑名市多度町小山 1915）

アクセス　養老鉄道「多度駅」徒歩３分（0.27km）　Ⓟなし

尾津《おず》神社の歌碑

当社の祭神は、倭建命、弥都波能売神《みずはのめ》、火之迦具土神《ほのかぐつち》、足鏡別命《あしかがみわけ》、品陀和気之命《ほむだわけ》、大山津《おおやまつ》見《み》命、宇迦之御魂《うかのみたま》神。創立年月などは不詳。ここには、一つ松の歌（『日本書紀』）を刻んだ歌碑がある。〔式内社、村社〕

（三重県桑名市多度町戸津 499）

アクセス　養老鉄道「多度駅」徒歩６分（0.55km）　Ⓟあり

㉔平群《へぐり》神社

尾津を出発したヤマトタケルの次の足跡は、ここ平群神社だといわれている。

祭神は、木菟宿禰《ずくすくね》（ヤマトからこの地に移住した平群氏の祖先で、武内宿禰《たけうちのすくね》の三男）ほか。合祀の祭神は、武内宿禰、大巳貴《おおなむち》命、天照大神、櫛名《くしな》田姫《だひめ》命、奇日方命《くしひかたのみこと》、素盞嗚《すさのお》命、大山祇《おおやまつみ》命などとされているが資料により異なる場合がある。

神社の裏手（神社の西側）の山は、古代の祭祀形態を残しており、非常に貴重である。

ヤマトタケルの歌、「命の　全《また》けむ人は　畳薦《たたみこも》

平群の山の　熊白檮《くまかし》が葉を　髻華《うず》に挿せ　その子」（『古事記』）の歌碑があり、平群神社の発祥がこの歌によるという伝承がある。伝承があるとはいうものの、ヤマトタケルはここに祀られてはいないようである。

アクセス

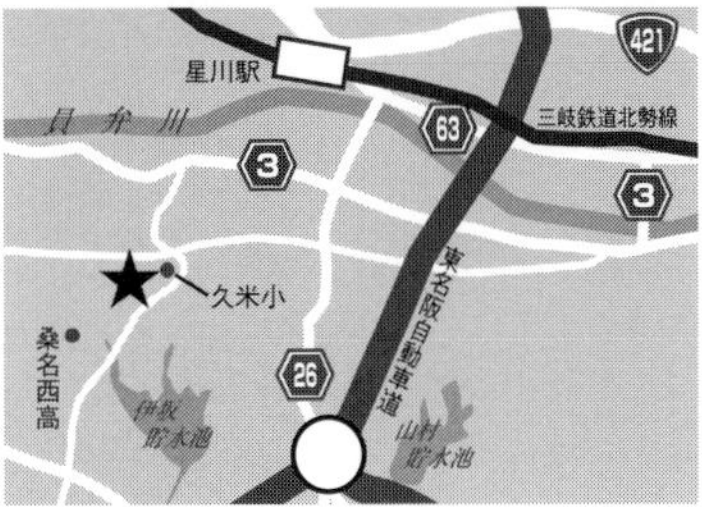

▶平群神社

三重県桑名市大字志知3693

東名阪自動車道「桑名IC」車13分

(4.8km)　Ⓟなし

▶平群池

三重県桑名市大字志知

平群神社のすぐ近く

インフォメーション

▶平群神社

御 祭 神	木菟宿禰。合祀の祭神は、武内宿禰、大巳貴命、天照大神、櫛名田姫命、奇日方命、素盞嗚命、大山祇命。
社　　格	式内社、郷社

チェックポイント

◉平群池

俗称を「志知の宮池」「宮池」などともいう。ヤマトタケルが足を洗ったと伝えられる。この池には片目の魚が多く棲み、魚を捕ると神罰があたるといわれ、誰も近寄らなかったという。

古代の製鉄業者は目を傷めることが多く、片目の魚というのは、製鉄との関わりも考えられる。

Topics トピックス

◉髻華《うず》

ヤマトタケルの歌に「髻華」とあるが、これは古代、長寿を祈り若さを称えて木の枝、葉、花や造花を冠や髪にさして飾りとしたもので、簪《かんざし》の起源である。つまり簪は、おまじないのようなものからはじまったということか。なお儀式のときに冠にさした飾り物も、同じく髻華と称した。この場合には金、銀、銅が用いられた。

㉕足《あし》洗《あらい》池

伝承では、ヤマトタケルが「沼のほとりに湧き出ている冷たい清水に足をひたして、旅の疲れをとられた」とも「この清水では、足を洗い病も小康を得た」ともいう。「足洗池」の現地解説によると、「ヤマトタケルは東征の帰路、ヤマトを目指したが、途中五十功彦《いことひこ》命のもとを訪ねようと、当地に至った。伊吹山の神の祟りによって重病に罹《かか》っていたヤマトタケルが、『吾が足は三重《みえ》の勾《まがり》の如くして甚《いと》疲れたり』と言ったことから、この地が『三重』となった」といい、「当時の足洗池は、道路拡張工事のため、現在の位置に移転したが、元禄六年（一六九三）作成の絵図には、『大池』（現御池《おいけ》沼沢付近）と千種《ちくさ》街道を挟んで『西溜池《にしためいけ》』があり、この一帯を足洗野《あしあらいの》といった」と記されている。このうちのいずれかの池が、伝承の池とされたのであろうか。

インフォメーション

▶江田神社

御祭神	主祭神五十功彦命ほか、大鷦鷯《おおさざき》天皇、大日孁貴尊《おおひるめむち》、譽田別尊《ほむだわけ》、天渟中原瀛眞人《あまのぬなはらおきのまひと》天皇、建速須佐之男命《たけはやすさのお》、大山祇命《おおやまつみ》
社格	式内社、村社

アクセス

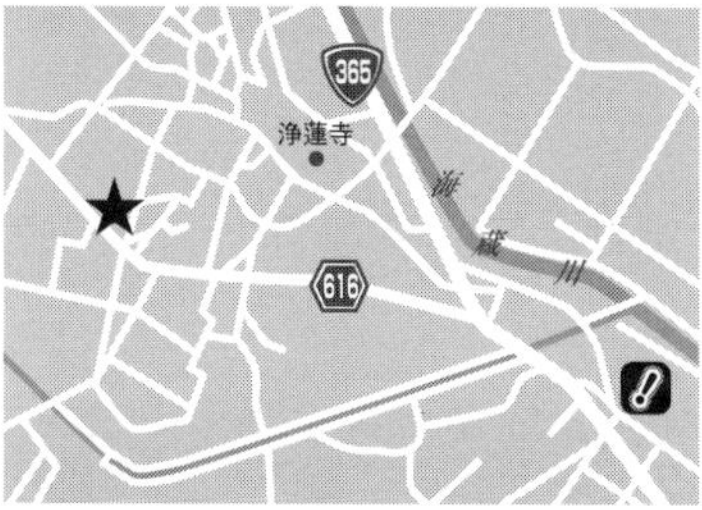

▶足洗池

三重県四日市市西坂部町御館《みたち》(旧三重村)

東名阪高速道路「四日市IC」車13分(5.7km)　Ⓟなし

▶江田神社

三重県四日市市西坂部町3653

東名阪高速道路「四日市IC」車16分(6.9km)　Ⓟなし

チェックポイント

◉江田神社

祭神は、ヤマトタケルの弟・五十功彦《いことひこ》命ほか。五十功彦命は伊勢刑部《いせのおさかべ》の祖とされる。古くは、奥宮、中宮、下宮があった。奥宮のあたりにあった五十功彦の居宅を、ヤマトタケルが訪れたという。「江田」は「三重田」「三江田」の「三」が略されたといわれる。

Topics トピックス

◉御池沼沢

「御池沼沢」は、足洗池から徒歩5分程のすぐ近くにあり、国指定天然記念物「御池沼沢植物群落」がある。昔このあたりには、相当大きな池があったようで、ここも足洗池の候補地である。

（三重県四日市市西坂部町）

㉖ 玉葛水《たまかつすい》

地元では「玉かつ水」と呼んでいるが、現地解説では「玉くず水」と書かれている。玉葛水は「玉かずら湯」または「道西坊」とも呼ばれている。このあたりでは、湯と水を同じ意味で使う習わしがあり、田に入れる用水のことを、「大湯水《おおゆすい》」または単に「大湯」という。したがって、「玉かずら湯」は温泉ではない。伝承では、「ヤマトタケルが『御館』（四日市市西坂部町御館）の足洗い池で足をすすぎ、更に西（西北）にのぼり、この玉葛水で目を洗い、更に南の鈴鹿に至り…」とある。

昔の人々は、ヤマトタケルにあやかり、この清水で目を洗うと眼病が治ると言い伝えた。また玉葛水は神水として、三重神社（下村《しもむら》にあった神社）の神前に供えられていた。昭和十年（一九三五）に、玉葛水の上に現在のような建物が建てられ、大切に守られている。

アクセス

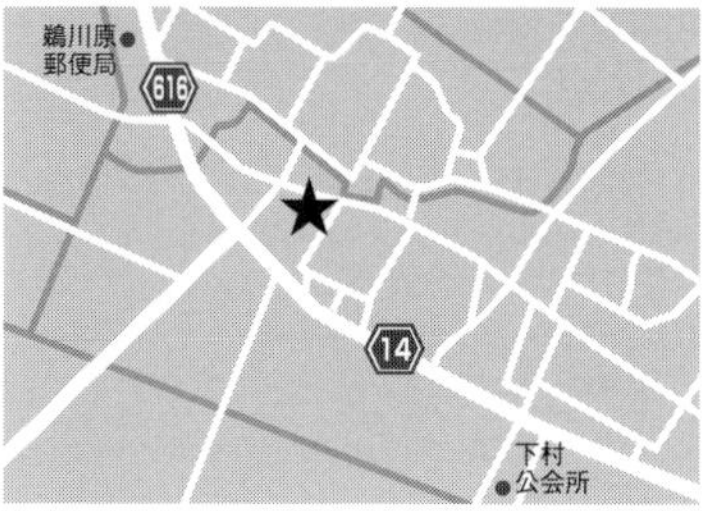

▶玉葛水

三重県三重郡菰野《こもの》町下村1692－1
近鉄湯の山線
「菰野駅」徒歩35分（2.9km）
東名阪自動車道
「四日市IC」車14分（5.6km）
Ⓟなし

Topics トピックス

◉伝承、文献と考古学

この地のように、伝承のみが存在する場合には、伝承をそのまま記すことになる。しかし例えば『古事記』（文献）に記述があり、伝承も残っている場合、例えば「杖つき坂」は、伝承の場所と『古事記』の場所が合致するかどうかの検討が必要である。また伝承が『古事記』を受けて作られた可能性も否定できない。次に伝承、文献と考古学資料が揃っている場合はどうだろうか。実はこの三つの内容が合致することは、極めて稀である。天皇陵がいまだにはっきりしていないのは、その代表的な例である。こうした古墳の特定のように、三者の整合を図ることは、至難といわざるを得ない。伝承、文献と考古学資料との食い違いは、古代史を研究する上で、避けて通れない宿命なのであろう。

㉗ 足見田《あしみだ》神社

ここもヤマトタケルの地名説話「三重」の有力候補地である。祭神は、志那都比古《しなつひこ》命、志那都比《しなつひ》賣《め》命ほか多くの神を祀る。当社旧記によれば、垂《すい》仁《にん》天皇二十六年鎮座と伝える。祭神については、一説にはヤマトタケルを祀るともいう。

足見田については、もと社域の東に「オシミ田」という地があったからだという説がある。往古、神田であったのを、後世に住民が買い取り耕作をしたが、耕作にかかわる者は口がきけない子を産んだ、といわれている。神田を神霊が「惜しんだ」ことからその名が起こったというが、地名説話としては否定的な意見が多い。これは鉱毒に冒された症状だとする説もある。また、本居宣長は『古事記伝』において、足見田神社にはヤマトタケルを祀るとの伝承があるといい、神社の名前が、ヤマトタケルの足の病と関係があると考えていた。

Topics トピックス

◉鉱毒事件

ヤマトタケルの病、特に足の症状については、鉱毒に冒された症状と酷似しているとして、それを死因とする説がある。これは傾聴に値する。鉱毒は習慣的に摂取することで徐々に身体が冒されるが、ヤマトタケルは伊吹山で敗北あるいは当芸あたりまでは、そのような症状を訴えてはいない。しかし、もし鉱毒に冒されていたとしたら、他の者はなぜ同じ症状を訴えていないのか、という疑問が残る。同じ水を飲みながら歩いた吉備武彦や大伴武日でさえ、そのような症状を訴えてはいない。したがってヤマトタケルの病については、『記紀』を読む限りでは、戦いによるものである、と考えるべきではないだろうか。

インフォメーション

▶足見田神社

御祭神	志那都比古命、志那都比賣命、瀬織津比賣《せおりつひめ》命、大穴牟遅《おおなむち》命、天兒屋根《あめのこやね》命、大日孁貴《おおひるむち》命、大山祇《おおやまつみ》命、天菩卑能《あめのほひの》命、品陀和氣《ほむだわけ》命、建速須佐之男《たけはやすさのお》命、火之迦具土《ほのかぐつち》神、建御名方《たけみなかた》神、天目一筒《あめのまひとつ》命、天白羽《あめのしらは》命、五男三女神《ごなんさんにょじん》、別雷《わけいかずち》神
創建等	垂仁《すいにん》天皇26年
社格	式内社、村社

アクセス

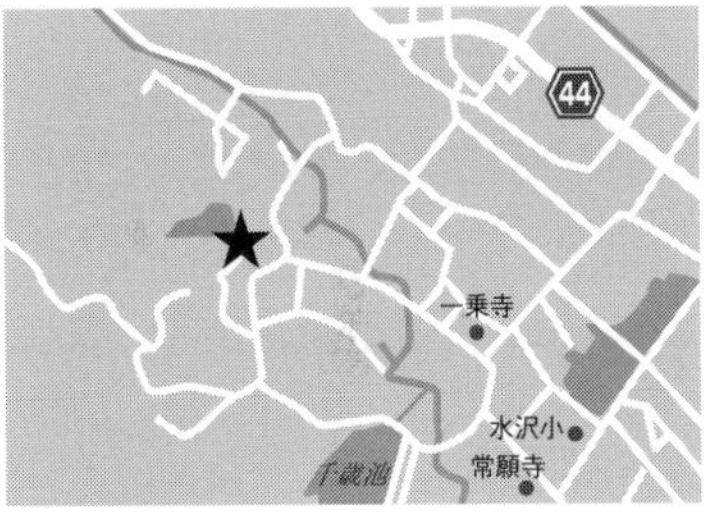

▶足見田神社

三重県四日市市水沢町708

東名阪自動車道

「鈴鹿IC」車30分（7.8km）

東名阪自動車道

「四日市IC」車36分（11km）

Ⓟあり

㉘杖衝坂

ここには「史蹟 杖衝坂」の石碑がある。『古事記』によれば、「当芸《たぎ》の野の上《へ》→そこからほんの少し→杖衝坂→尾津」という順番になっているが、采女町の「杖衝坂」は、「尾津」の後に位置している。『記』では「当芸の野の上」と「杖衝坂」の間に「其処《そこ》よりやや少しいでますに…」という記述があるのだが、「其処」とは、つまり「当芸の野の上」なのである。従って「やや少し」行ったところにあるとされる「杖衝坂」が、「尾津」を通り越して存在するとなれば、古事記と矛盾する。古事記を素直に読むとき、「杖衝坂」は海津市南濃町（104頁）となる。

『古事記伝』『東海道名所図会』は、采女《うぬめ》町説を支持している。伝承では、杖が木であるとするものと、剣であるとするものがある。

チェックポイント

◉血塚

采女町の「杖衝坂」を登り切ったところに「血塚社」という祠がある。伝承では、ヤマトタケルの足から流れ出た血を封じた、あるいは血を洗浄した場所だという。ご神体はヤマトタケルの血がついた石であるともいわれている。境内に石が積まれているのは、ご神体が石であることによるという。ここはすぐ近くにある「杖衝坂」の影響で、ヤマトタケルの伝承地になっているのではないかと考える。

チェックポイント

◉芭蕉の句碑

歩行《かち》ならば
杖つき坂を
落馬哉

この句により、その名が広く知られるようになった杖衝坂には、句碑が建てられている。

アクセス

▶杖衝坂

三重県四日市市采女《うねめ》町

東名阪自動車道「鈴鹿IC」

車26分（13.5km）　Ⓟなし

▶血塚

三重県四日市市采女町

杖衝坂を上った左側

第六章　御陵編

㉙ 加佐登神社
㉚ 白鳥古墳
㉛ 長瀬神社・武備塚

能煩野《のぼの》

ヤマトタケルは「のぼの」で亡くなった。『古事記』では「能煩野」、『日本書紀』では「能褒野」と書く。この地に「のぼのの墓」が造られた。現在、三重県の鈴鹿市内や亀山市内には能褒野という地名がある。死後は埋葬されたが、白鳥となり能褒野からヤマトの琴弾原《ことひきのはら》（奈良県御所市）、そして河内の旧市邑《ふるいちのむら》へ（『紀』）、あるいは能煩野から河内国の志幾《しき》へ（『記』）、というルートで飛び移ったとされ、そして『記紀』ともに、最後は空高く飛び去ったとある。これがいわゆるヤマトタケルの白鳥伝説である。

『日本書紀』では、以下の「三つの陵を号《なづ》けて、白鳥陵《しらとりのみささぎ》と曰《い》ふ」としている。

（一）「能裒野墓《のぼののはか》」（『延喜式』では「能裒野墓」と書く）　能煩野（三重県）
（二）「琴弾原白鳥陵」　大和琴弾原（奈良県）
（三）「日本武尊白鳥陵」　河内国の志幾（『古事記』）、（河内）旧市邑（『日本書紀』）。（大阪府）

しかし、これで済むほどことは簡単ではない。何故なら、それぞれの候補地が各地にあるからである。

（一）の候補地は、次の五か所。

①　双児塚《ふたごづか》　②　王塚《おうづか》古墳
③　能褒野王塚古墳　④　白鳥塚
⑤　武備塚《たけびづか》

（二）の候補地は次の二か所。

① 琴弾原《ことひきのはら》白鳥《しらとり》陵

② 掖上《わきがみ》鑵子塚《かんすづか》古墳

（三）の候補地は、次の三か所。

① 軽里大塚《かるさとおおつか》（前の山）古墳、日本武尊《やまとたけるのみこと》白鳥墓《はくちょうぼ》

② 峯《みね》ケ《が》塚《づか》（峰塚）古墳

③ 津堂城山《つどうしろやま》古墳

ざっとこのような状況である。さらに他の伝承地を次に加える。

（四）白鳥《しらとり》古墳　（愛知県名古屋市熱田区）

（五）磯《い》山《そ》　（滋賀県米原市）

（六）向平《むこひら》の御陵　（三重県いなべ市）

（七）旧永源寺町地区の御陵　（滋賀県東近江市）

「日本武尊御陵」の石碑

『北勢町史』によると「向平地区の集落の小高く南北に連なる丘陵地を字東之原といい、この山林は民有のヒノキ林であるが、ここにヤマトタケルの陵があったと伝えられている。陵跡には八畳の間に入りそうな大きさの盛り土が残っており、あたりには、大きな石が散乱している。崩れ落ちた石なのか、あるいは、完成しないままに終わった築造物の残骸なのか、知るよしもない。陵跡から南に約500メートル下った所一帯は、字十六代《しろ》といい、その麓に『日本武尊御陵』の墓碑が建っている」とのこと。墓碑は確かに私有地内に存在する。しかしヤマトタケルの陵があったという場所はわからない。※私有地につき見学不可

【地図】能煩野（鈴鹿市付近）

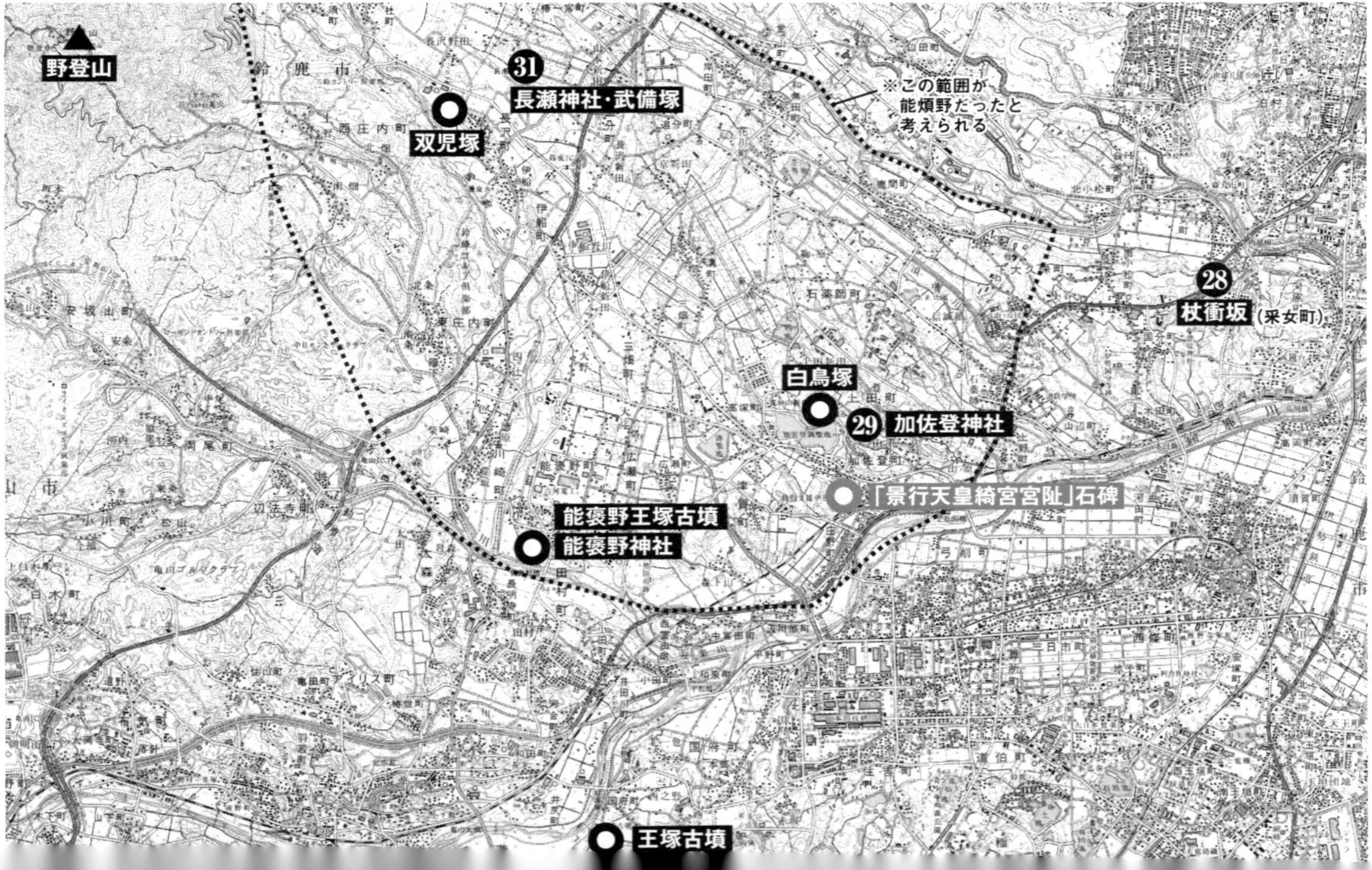
野登山
31 長瀬神社・武備塚
双児塚
※この範囲が
能煩野だったと
考えられる
28 杖衝坂（采女町）
白鳥塚
29 加佐登神社
「景行天皇綺宮宮阯」石碑
能褒野王塚古墳
能褒野神社
王塚古墳

【地図】白鳥陵の候補地（藤井寺市、羽曳野市周辺）

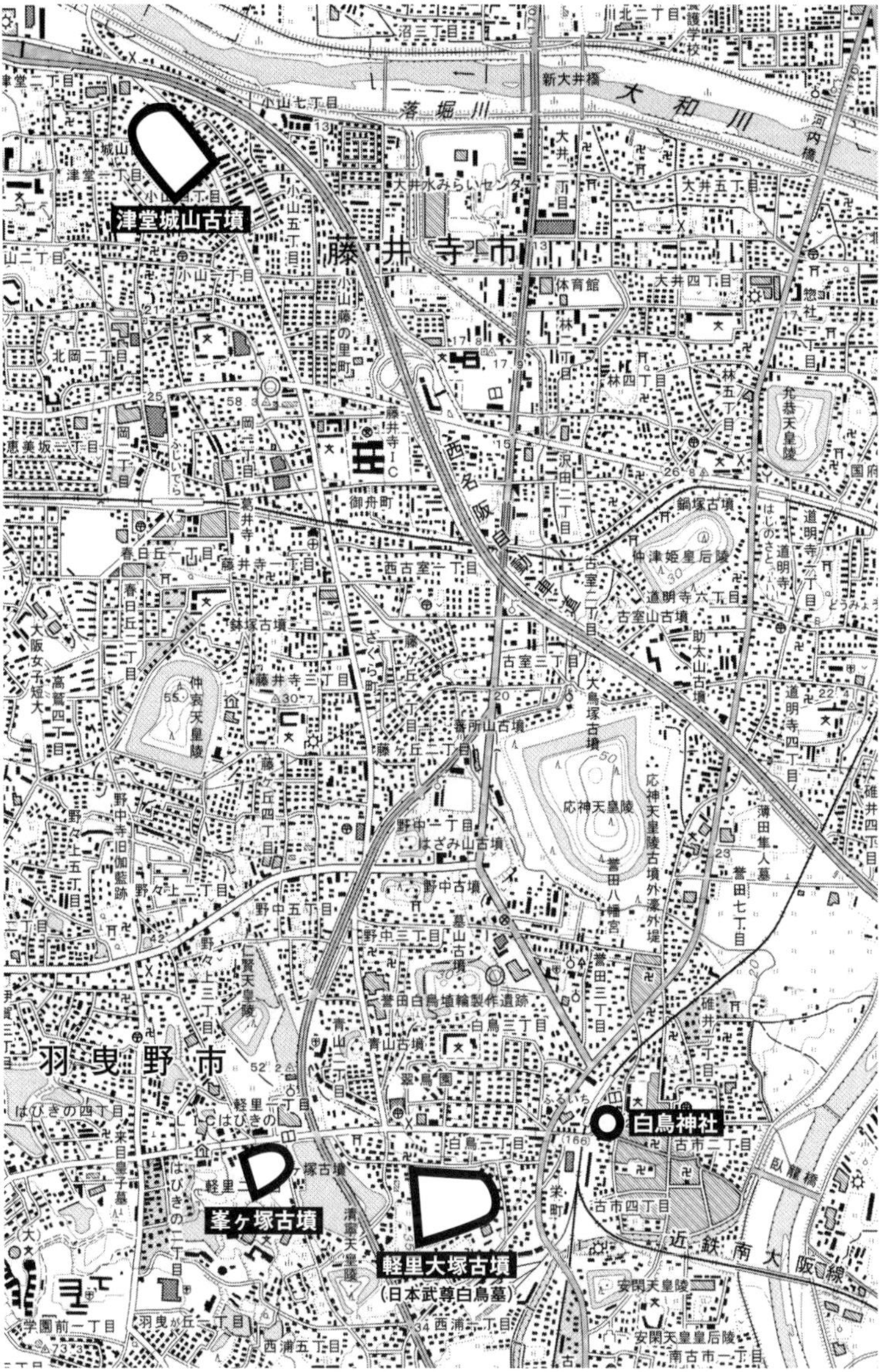

㉙ 加佐登《かさど》神社

日本武尊ほか一六柱を祀る。昔、ヤマトタケルの墓だという白鳥塚の陵道の傍に小さな祠があった。ヤマトタケルのものという笠を納めていたので、明治以前は御笠《みかさ》殿社と称していた。また、その南には熊野権現の社があった。明治六年（一八七三）社名を加佐登社と改め、明治四十一年（一九〇八）村内神社を合祀して現在に至っている。この明治末年の神社整理によって、式内社の倭文《しとり》神社も合祀された。倭文神社のもとの社殿は加佐登神社の石段上り口の右側、熊野神社の境内にあった。

加佐登神社は標高六九メートルの椎山《しいやま》の上にあり、ヤマトタケルが最期まで所持していた笠と杖を御神体とするといわれている。四月八日には大祭が行われるが、これはヤマトタケルの命日だからという。

アクセス

▶加佐登神社

三重県鈴鹿市加佐登町2010

東名阪自動車道

「鈴鹿IC」車22分(8.6km)

Ⓟあり

インフォメーション

▶加佐登神社

御祭神　日本武尊、速玉之男《はやたまのお》命、伊《い》邪那岐《ざなぎ》神、豫母都事解之《よもつことさかの》男《お》神、天羽槌雄《あめのはづちを》神、天照大御神、豊受《とようけ》大神、大雀《おおさざき》命、大國主《おおくにぬし》命、品陀和氣《ほむだわけ》命、息《おき》長帯比賣《ながたらしひめ》命、火之迦具土《ほのかぐつち》神、伊邪那美《いざなみ》神、菅原道眞《すがわらのみちざね》、大山津見《おおやまつみ》神、気吹戸主《いぶきどぬし》命、建速須佐之男《たけはやすさのお》命

社　格　村社、式内社倭文神社を合祀

御神徳　腫《は》れ物や瘡《かさ》の病を治す

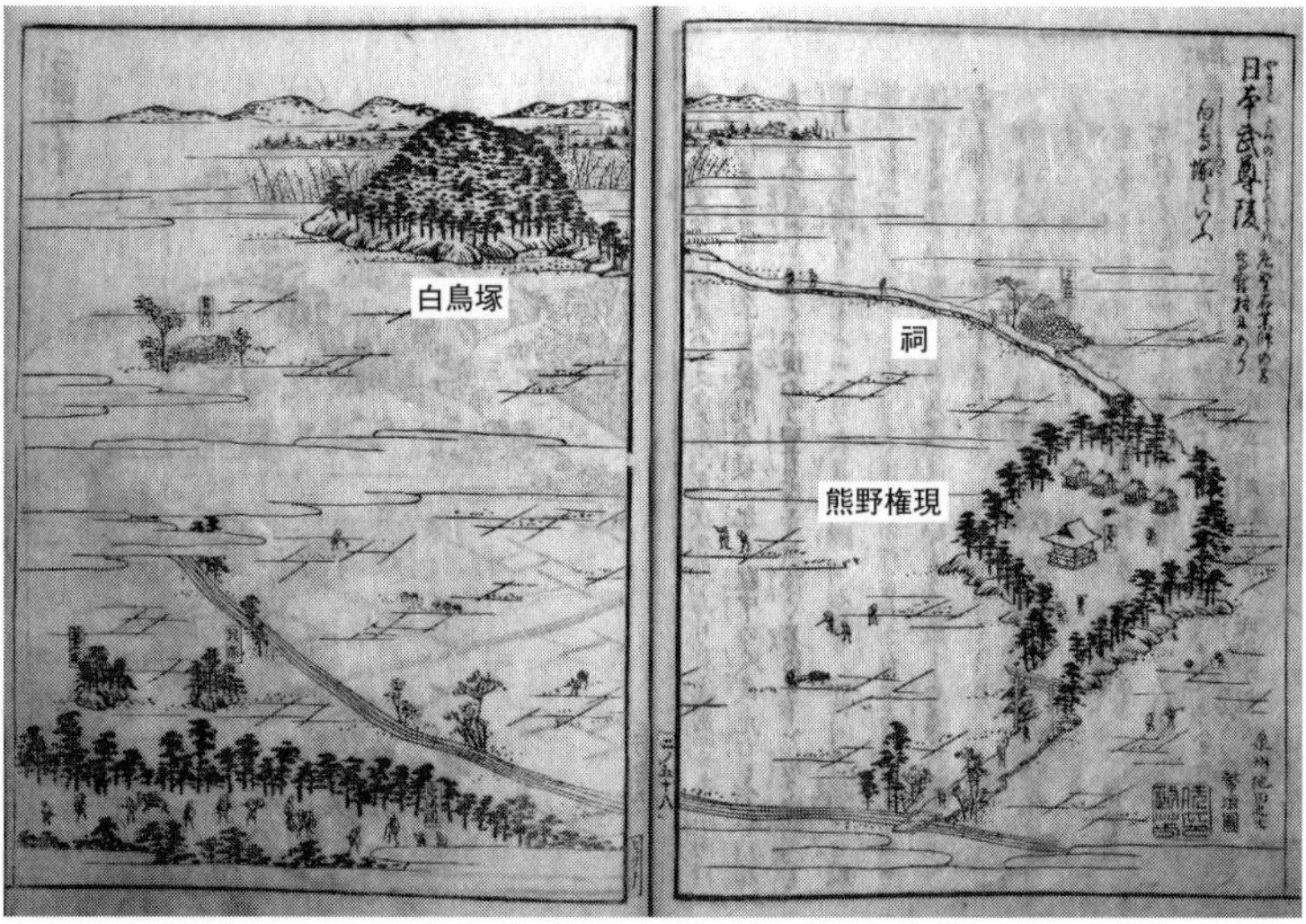

▲東海道名所図会「日本武尊陵」

㉚白鳥《しらとり》古墳

白鳥が尾張へ飛んで行ったとする伝承によると、「ノボノ墓から飛び立って浜に向かった白鳥は、海の上を飛んで尾張に向かった。そして尾張に飛来した白鳥は、松の木にとまった。ここには愛するミヤスヒメがいたからであろう。この松の木のあとにいまの白鳥御陵（白鳥古墳）ができた」という。そして、その白鳥御陵こそが、ヤマトタケルの墓だという説も伝わる。『旧事紀』もこの説に近いであろう。

白鳥古墳に隣接して、弘法大師の開基とされる法持寺という寺院があるが、ここでは白鳥古墳の宝物を守っているという。

ノボノで白鳥となり飛び立ったヤマトタケルは、鳥出神社〔式内社〕〔県社〕（三重県四日市市富田二—一六—四）に飛来し、再び尾張へと飛んで行ったという伝承もある。

チェックポイント

◉断夫山《だんぷさん》古墳

東海地方最大の前方後円墳で、全長は約一五一メートル。六世紀初めの築造だとされている。これはミヤスヒメの墓だという伝承もあり、「断夫」という名称はミヤスヒメが夫を断《た》った（ヤマトタケルが死んだ）ことによるともいう。まれに「陀武夫」とも書かれることがある。被葬者は尾張を治めていた尾張氏の首長だと考えられており、第二十六代継体《けいたい》天皇に嫁いだ目子媛《めのこひめ》の父、尾張連草香《むらじくさか》の墓ではないかというのが近年の有力な説である。

▶白鳥古墳

名古屋市管理

名古屋市熱田区白鳥１－２

地下鉄名城線「神宮西駅」徒歩６分（0.5km）　Ⓟなし

▶断夫山古墳

愛知県管理〔国指定史跡〕

名古屋市熱田区旗屋一丁目

地下鉄名城線「神宮西駅」徒歩６分（0.5km）　Ⓟあり

アクセス

㉛長瀬神社・武備《たけび》塚

祭神は、日本武尊、住吉三神。武備塚を御神体としている。

長瀬神社は、もと長沢集落の北方の北帝《きたみかど》（北美加登）にあり、明治四十四年（一九一一）現在地にあった武備神社の跡地に移転した。現在では長瀬神社としているが、地元では今もなお「武備神社」あるいは「武備さん」と呼び親しまれている。武備神社は創立年月等不詳であるが、もともとは日本武尊を祀る神社であったようである。

武備塚は「武日塚」とも書き、長瀬神社の本殿の後ろにある。享保十四年（一七二九）亀山藩により「日本武尊能煩野陵」とされた。円墳であり、その規模は、径二五メートル、高さ三・二メートル。

ヤマトタケルの墓だという伝承があるが、筆者としては武備塚は、東征をともにした吉備武彦《きびのたけひこ》または大伴武日《おおとものたけひ》の墓ではないかと考える。

アクセス

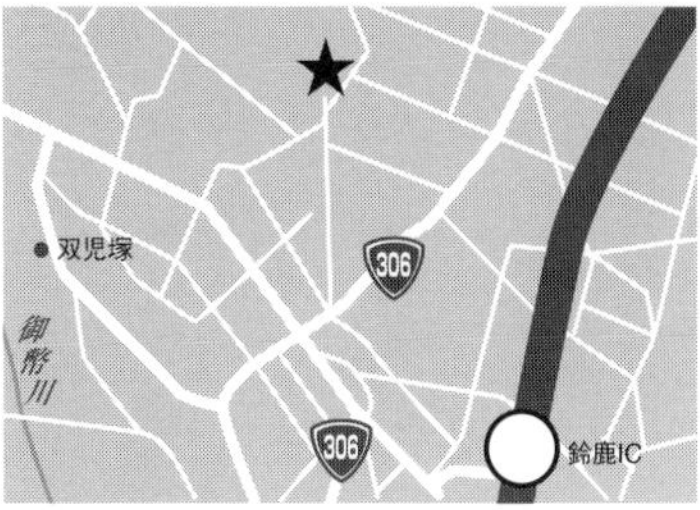

▶長瀬神社

三重県鈴鹿市長澤町2201
東名阪自動車道
「鈴鹿IC」車8分（2.1km）　Ⓟあり

インフォメーション

▶長瀬神社

御祭神	日本武尊、住吉三神
社格	式内社、村社
所在地	長瀬神社、一号墳（武備塚）、二号墳（車塚）（三重県鈴鹿市長澤町字能褒野） 三号墳（宝裳塚）、四号墳（宝冠塚）（三重県鈴鹿市長澤町字武備野）

チェックポイント

◉宝裳塚・宝冠塚遠景

手前左右に木が見えるが、右が「宝裳塚」左が「宝冠塚」。

白鳥塚古墳の近くに「宝装塚」「宝冠塚」があるように、武備塚古墳群のなかにも、国道三〇六号の近くに「宝裳塚」（三号墳）、「宝冠塚」（四号墳）があり、どちらも円墳である。「宝裳塚之処」「宝冠塚之処」の石碑があり、それぞれ裏には享保十六年（一七三一）の銘がある。

Column《コラム》「能褒野の墓」

双児塚《ふたごづか》（写真は一号墳）

双児塚古墳群（現存は３基の円墳）の一号墳は径 17 メートル、高さ４メートルで、横穴式石室が開口している。その北西に二号墳があり、径 10 メートル、高さ２メートル。双児塚の名は、一号墳と二号墳の２基の古墳が近接しており、ヤマトタケルが双生児（ヤマトタケルは弟）であったことに由来するという。どちらがヤマトタケルの墓なのかは、特に定まってはいなかった。明治初期には双児塚がヤマトタケルの墓であると強く主張されたが、これもヤマトタケルが双生児であったことを根拠としたものである。

一・二号墳（三重県鈴鹿市長澤町字能褒野）

アクセス　東名阪自動車道「鈴鹿 IC」車 13 分（2.8km）Ⓟなし

王塚《おうづか》古墳

国府町《こうちょう》の西方、西ノ野一帯の河岸段丘には、第二次世界大戦後には 15 基の古墳（消滅１基を含む）が確認されている。総称して西ノ野古墳群という。その中で「西ノ野一号墳（王塚古墳）」がヤマトタケルの陵墓との説がある。これは前方後円墳で、墳丘長 63 メートル、前方部幅 48 メートル、高さ 6.5 メートル、後円部の径 38 メートル、高さ６メートル、周溝と外堤（長さ 90 メートル、幅 73 メートル）が盾形に取り巻く。現在では６世紀初頭（これより少し遡る可能性あり）のこの地方の君主の墓との見方が有力であるが、未調査。

（鈴鹿市国府町字西ノ野）国指定史跡

アクセス　東名阪自動車道「亀山 IC」車 22 分（11.3km）Ⓟなし

能褒野王塚古墳《のぼのおうづか》

標高48メートルの台地西端部に位置する全長90メートルの前方後円墳である。田村の王塚とも丁子《ちょうし》塚、丁字《ちょうじ》塚とも呼ばれている。北勢地区で最大、伊勢全体でも二番目の規模で、4世紀末の築造とされている。周辺に十数基の円墳の陪塚《ばいちょう》を持つ。明治12年10月に内務省により、ここがヤマトタケルの墓と定められた。主な理由は、巨大な前方後円墳という形状がヤマトタケルの墓にふさわしいというものであり、現在は宮内庁の管理下にある。江戸時代までは戦国末期の武将の墓であり、陪塚は戦死者の墓だとされていた。

（三重県亀山市田村町）宮内庁管理

アクセス　東名阪自動車道「鈴鹿IC」車16分（7.4km）Ⓟあり

白鳥塚《しらとりづか》

「白鳥塚古墳群」は、一号墳を主墳として計7基が確認されている。加佐登神社の北200メートル、標高75.5メートルの地点にあり、第一号墳を通称「白鳥塚（古墳）」という。考古学上は「白鳥塚一号墳」とされているが、鵯《ひよどり》塚、茶臼山、丸山、経塚などとも呼ばれている。この古墳は、古くからヤマトタケルの墓だという伝承がある。近年2度の調査により、墳丘長78メートル（全長90メートル）の帆立貝式古墳であることや、造成時期は5世紀前半であることが判明した。墳丘全面に葺石《ふきいし》が残り、埴輪片も出土している。白鳥塚古墳がある山から少し離れた所には、ヤマトタケルの遺品を納めたとされる「宝装塚」「宝冠塚」がある。

（三重県鈴鹿市石薬師町字北松塚）三重県指定史跡

アクセス　三重県鈴鹿市石薬師《いしやくし》町《ちょう》字北松塚《きたまつづか》　加佐登神社からすぐ近く
Ⓟあり（加佐登神社）

Column《コラム》「日本武尊白鳥陵」～ヤマト～

琴弾原白鳥陵《ことひきのはらしらとりりょう》

『日本書紀』にある３つの陵のうち「即ち倭の琴弾原《ことひきのはら》に停《とどま》れり。仍《よ》りて其《そ》の処《ところ》に陵《みささぎ》を造る」と２つ目にあるのが、この「白鳥陵」で、奈良県御所市にある「琴弾原白鳥陵」のことだとされている。これは明治31年（1898）に治定されたもので、当時の所在地を「御所市大字冨田小字天皇」としている。しかしここは、そもそも古墳であるかどうかが疑問視されている。琴弾原という地名の由来は、「その昔、旅人が休憩をして、居眠りをしていると、どこからともなく琴を弾く音が聞こえてくるので、その音源をつきとめたところ、水滴が水溜りに落ちて、岩に響くその音が、さながら琴を弾いているような音だった」ことによるという。

（奈良県御所《ごせ》市冨田）宮内庁管理

アクセス　南阪奈道路「葛城IC」車23分（11.5km）　Ⓟなし

掖上《わきがみ》鑵《かん》子《す》塚《づか》古墳

『日本書紀』仲哀《ちゅうあい》天皇条に、父（日本武尊）を偲び、陵域の池で白鳥を養ったことがみえる。墳丘長149メートル、後円部の径102メートル、高さ17.5メートル、前方部の幅88メートル、高さ12メートルである。墳丘の周囲には幅30メートルほどの周濠が巡っている。5世紀中葉から後半ごろの築造である。古くに盗掘を受けている。『和漢三才図会』や『聖蹟図志』ではヤマトタケルの琴弾原白鳥陵とみている。ここからは冠、冑、水鳥などの形象埴輪が出土している。

（奈良県御所市掖上）

アクセス　JR和歌山線「掖上駅」徒歩15分（1.1km）　Ⓟなし

（写真：御所市教育委員会提供）

Column《コラム》「日本武尊白鳥陵」～河内～

軽里大塚《かるさとおおつか》（前の山）古墳

現在ヤマトタケルの陵墓と伝えられるもので、「日本武尊《やまとたけるのみこと》白鳥《はくちょう》墓《ぼ》」とも呼ばれている。ヤマトタケルの白鳥陵に治定されたのは、明治13年（1880）12月のことである。墳丘長190メートル、後円部の径106メートル、前方部の幅165メートルの前方後円墳である。墳丘には幅約35メートルの濠をめぐらせており、5世紀後葉の築造時期と考えられている。また、江戸時代の寛永年間（1624～44）末期、古墳の西側にあった「伊岐宮《いきのみや》」を古市村の産土神《うぶすながみ》として、現在の地に移した。これが現在の白鳥《しらとり》神社である。「軽里」は、昭和5年(1930)までは「軽墓村」と呼ばれていた。「軽《かる》」の解釈には諸説あるが、ヤマトタケルの仮の墓がなまったのだともいう。そして白鳥神社の縁起の「さらに白鳥は舞い上がり、埴生《はにゅう》（地名）の丘を羽を曳《ひ》くがごとく飛び立った」というくだりから、「羽曳野《はびきの》」の地名が発祥したといわれている。

（大阪府羽曳野市軽里三丁目）宮内庁管理

アクセス　近鉄南大阪線「古市駅」徒歩11分(0.9km)
西名阪自動車道「藤井寺IC」車9分(3.1km)　Ⓟなし

峯ヶ塚《みねがづか》（峰塚）古墳

軽里大塚古墳がヤマトタケルの白鳥陵と治定される明治13年まで長い間、「峯ヶ塚古墳」がヤマトタケルの「白鳥陵」だと考えられてきたようである。しかし一方には第十九代允恭《いんぎょう》天皇の子である木梨軽皇子《きなしかるのみこ》の墓だとする伝承などもある。墳丘長96メートル、後円部の径56メートル、前方部の幅74.4メートルの前方後円墳で、二重の濠を持ち、大王墓に匹敵する古墳である。築造時期は5世紀末期～6世紀初頭と推定される。

〔国指定史跡・古市古墳群として史跡に指定〕

（大阪府羽曳野市軽里二丁目）羽曳野市管理

アクセス　近鉄南大阪線「古市駅」徒歩17分(1.3km)
西名阪自動車道「藤井寺IC」車6分(2.9km)　Ⓟなし

津堂城山古墳《つどうしろやま》

古市古墳群の北端に位置する「津堂城山古墳」は、墳丘長208メートル、後円部の径128メートル、前方部の幅117メートルの前方後円墳で、二重の濠があった。室町時代の築城などで墳丘はかなり傷んでいるが、旧状をとどめている。内濠の中に3基の水鳥形埴輪を配した一辺17メートル、高さ1.5メートルの方墳状の特異な施設（墳丘）があり、この特殊墳丘は、西側の内濠の対称的な位置にも造られていることが判明した。築造時期は4世紀末期～5世紀初頭と推定される。ヤマトタケルの活躍した時代、そして彼が天皇だった可能性があること、またその頃の天皇陵は巨大な前方後円墳が定着していたこと等を考慮すると、この古墳がヤマトタケルの陵《みささぎ》であった可能性もある。

〔国指定史跡・古市古墳群として史跡に指定、後円部頂は陵墓参考地〕

（大阪府藤井寺市津堂）藤井寺市管理

アクセス　近鉄南大阪線「藤井寺駅」徒歩16分（1.4km）
西名阪自動車道「藤井寺IC」車8分（1.7km）　Ⓟなし

エピローグ

㉜ 大鳥神社（大鳥大社）

白鳥伝説のその後

『記紀』によれば、ヤマトタケルは河内の陵から、ついには天を指して飛んで行ったとされる。実はこれで白鳥伝説は終わったわけではない。伝承によると、白鳥は大鳥神社の地に留まり、さらには鶴となって讃岐《さぬき》国の白鳥《しろとり》神社の地に舞い降りた。これより先の伝承は見出せない。

掖上鑵子塚古墳の項で述べたように、仲哀天皇は父・ヤマトタケルを偲んで陵域の地で白鳥を養った。このことから「白鳥」は、白鷺の類いというよりも、陵の周濠で飼育できる水鳥の白鳥だという認識が、遅くとも『紀』編纂時の八世紀初頭にはあったことになる。

また河内の白鳥陵について、第十六代仁徳天皇は「この陵はもとから空《から》だった（六十年条）」と言っている。最も多くの、そして重要な情報を得られる立場の天皇の認識でさえ、ヤマトタケルの陵は空なのであった。このことから推測すると、三つの白鳥陵には、すべて遺体が無いということも考え得る。

ヤマトタケルの遺体はいったいどこへ行ってしまったのであろう。あるいは彼は伝説上の人物であったが故に、陵は空であるのが当然だということか。それとも河内のどこかに、初めから被葬者が存在しなかった陵があれば、それこそがヤマトタケルの陵といえるのであろうか。

ヤマトタケルを偲んで

ここで改めて当初の疑問に戻る。

「ヤマトタケルは実在したか」

多くの論者がいうように、ヤマトタケルとは複数の英雄を一つの話にまとめたものなのだろうか。本書で紹介した伝承地は、純粋にヤマトタケルの伝承だけを伝えたものと断じようとは、筆者は考えていない。数々の伝承は『記紀』の影響を受けているのは当然のこととしても、皇族の一人として政治的な、あるいは寺社や地元の豪族など権力者の圧力も受けていることだろう。

しかし、さまざまな影響や圧力を肯定しつつも、これほどの伝承地があり、それが無秩序に広がっているのではなく、ある程度の方向性を持っていることを、どうしたら矛盾なく説明できるだろう。ヤマトタケルあるいはそのモデルとなった人物が存在したと考えたいところだが、ここは逆に、さまざまな圧力がこれだけの伝承をつくってきたと解釈すべきか――。

筆者の噛みしめるそんな思いはさておき、皆さんにはぜひ、本書を手に、自身の足で伝承地を歩いていただきたいと願う。そこからきっと何かが見つかると筆者は信じてやまない。

では最後に河内の陵から飛び立った後の白鳥の伝承をご紹介しつつ、本書を閉じたい。

㉜大鳥神社（大鳥大社）

祭神は、日本武尊、大鳥連祖神《おおとりむらじのみおや》である。

社伝によると、日本武尊が伊勢国能煩野で亡くなり、その屍は白鳥と化して飛び去り、最後にこの地に留まったので、社を建立して祀ったのが起源であり、今から約一八五〇年前のこととされている。

また大鳥連祖神は、ここ和泉国に栄えた、大中臣と祖先を一《いっ》にする大鳥氏の先祖を祀ったもので、「新撰姓氏録《しんせんしょうじろく》」に天児屋根命《あめのこやね》を祖とすると伝えられている。

本殿は大鳥造といい、出雲の大社造のように独自の古い形式である。再三の火災等を経て、現在の社殿は明治四十二年（一九〇九）に再建されたものである。

アクセス

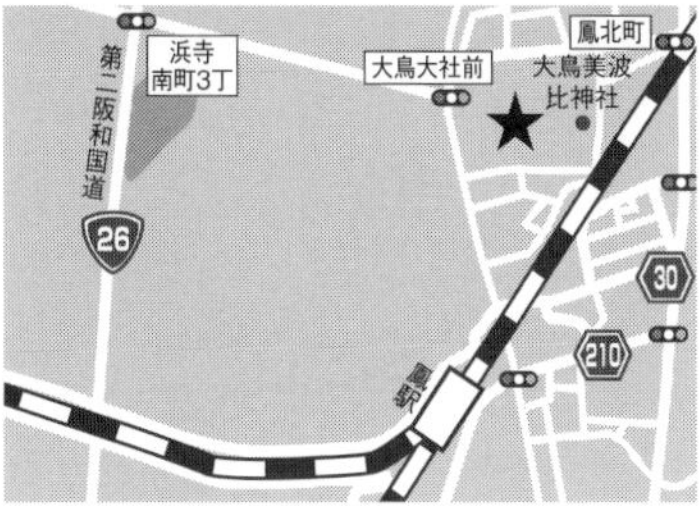

▶大鳥神社

大阪府堺市西区鳳北町1-1

阪和線「鳳駅」徒歩6分(0.55km)

Ⓟあり

インフォメーション

▶大鳥神社

御祭神	日本武尊、大鳥連祖神
創建等	約1850年前
社格	式内社、官幣大社、名神大社、和泉国一宮
御神徳	文武の神として、累代の武家の崇敬が篤い

チェックポイント

◉日本武尊の像

大鳥神社にある。

昭和のころ、熱心な崇敬者、吉田芳右ェ門氏により奉納された。

「景行《けいこう》天皇綺宮《きのみや》宮阯」の石碑

『日本書紀』景行天皇五十三年八月条に、天皇がヤマトタケルを偲んで東国に行幸した記事がある。同年十二月条には、伊勢にとどまったとみえ、そこを「綺宮という」と書かれている。そしてこの石碑があった一帯（鈴鹿市加佐登町綺宮崎）が綺宮ではないかとされている。

綺宮は「きのみや」あるいは「かんはたのみや」とも読む。行宮の門があった場所は土が少し盛り上がっており、地元の伝承では耕作してはいけない場所だという。

なお加佐登神社に合祀された「倭文《しとり》神社」の「倭文」とは、古来の交織文様の織物の意味であるが、「綺宮」の「綺」は「あや」と読み、こちらも織物と関係がある。これは古代このあたりが織物に関係する土地であったことを

物語るものといえる。

道幅が狭い上に草深く、現地へ行くことは困難である。

讃岐の白鳥神社

白鳥になったとされるヤマトタケルは、ここでは鶴となって白鳥神社（香川県東かがわ市松原六九）に舞い降りた。それは第十六代仁徳天皇の時代であったという。

屋島（壇ノ浦ともいう）に向かう源義経はここで戦勝祈願をし、その際、手に白い羽根が降りてきたとも伝わり、同社は武神として信仰を集めた。『古事記伝』には『源平盛衰記《げんぺいじょうすいき》』『和名抄《わみょうしょう》』からの引用がみえる。

『源平盛衰記』には「日本武尊終《つひ》に亡《う》せ給ふ。御年三十。白鶴《はくくわく》と変じて西をさして飛び去り、讃岐国《さぬきのくに》白鳥明神と顕れ給ふ」とあり、『和名抄』讃岐国大内郡に「白鳥」の読みとして「之呂止利《しろとり》」とみえる。

祭神は日本武尊、両道入姫《ふたじいりひめ》命、橘姫《たちばなひめ》命。創建年月は不詳であるが、寛文四年（一六六四）に高松藩主松平頼重《よりしげ》が再興した。それに先立つこと二十年、調査が行われ『白鳥神社記』に記されている。

この神社の西方には、「鶴羽《つるわ》神社」「羽立《はりゅう》峠」などがあるが、これもヤマトタケルに関係するともいわれる。


〈了〉

あとがき

「ヤマトタケルの足跡をたどる旅」はいかがでしたか。ヤマトタケルは実在したのか。皆さんそれぞれにお考えを持たれたことと思います。

私自身は、これだけの系統的な伝承は意図して作れるものではないと考えています。仮に新たに伝承を創造して整合性を図ったのなら、気の遠くなるほどの労力を要したに違いありません。したがって私はヤマトタケルは実在したと思います。

本書は、皆さんがヤマトタケルの足跡をたどられる際の案内役として、ひとつの指標となるよう出版されたものです。伝承地は、重要な場所を重点的に載せましたが、残念ながら掲載できなかった場所もあります。また、私の考えや検討したことの多くは、本書ではあえて前面に出さないようにしました。これは、皆さんに先入観なしで、出かけていただきたかったからです。

私は現在、この本からさらに踏み込んだ執筆をしており、近いうちにご紹介できればと考えています。

本書は、各地の多くの方々のご協力によりできあがりました。この場をお借りして、ご協力くださった方々に対し、厚く御礼申し上げます。また樹林舎代表の山田恭幹氏、編集部の折井克比古氏をはじめ同社の方々に謝意を表したいと思います。

■参考文献

基礎史料

「古事記」『日本古典文学大系　古事記　祝詞』（岩波書店・一九九三）
『古事記　（上・中・下）　全訳注』次田真幸（講談社・一九七七～一九八四）
『口語訳　古事記　神代篇・人代篇』三浦佑之（文芸春秋・二〇〇六）
『古事記注釈　第六巻』西郷信綱（筑摩書房・二〇〇六）
『日本古典文学大系　日本書紀　上・下』（岩波書店・一九九三）
『日本書紀　（上・下）　全現代語訳』宇治谷孟（講談社・一九八八）
『日本古典文学大系　風土記』（岩波書店・一九九三）
『新日本古典文学大系　続日本紀　1～5』（岩波書店・一九八九～一九九八）
「魏志倭人伝」『魏志倭人伝・後漢書倭伝・宋書倭国伝・隋書倭国伝』（岩波書店・一九八五）
「先代旧事本紀」『新訂増補　国史大系 第七巻　古事記・先代旧事本紀・神道五部書』黒板勝美（吉川弘文館・二〇〇二）
「倭姫命世記」『新訂増補　国史大系 第七巻　古事記・先代旧事本紀・神道五部書』黒板勝美（吉川弘文館・二〇〇二）
「帝王編年記（巻第十）」『新訂増補　国史大系　第十二巻　扶桑略記・帝王編年記』黒板勝美（吉川弘文館・二〇〇三）
「日本文徳天皇實録」『新訂増補　国史大系　第三巻　日本後紀・続日本紀・日本文徳天皇實録』黒板勝美（吉川弘文館・二〇〇〇）
「延喜式」『新訂増補　国史大系　第二十六巻　延暦交替式・貞観交替式・延喜交替式・弘仁式・延喜式』黒板勝美（吉川弘文館・二〇〇〇）
『和名類聚抄1・2』（早稲田大学出版部・一九八七）
『本居宣長全集　第十一巻　古事記伝　三』大野晋（筑摩書房・一九六九）
『熱田神宮史料　縁起由緒編』熱田神宮宮庁（熱田神宮宮庁・二〇〇二）
『常陸国風土記　全訳注』秋本吉徳（講談社・二〇〇一）
『濃飛両国通史 上巻』（岐阜県教育会・一九二三）
『美濃国古蹟考』岐阜県（岐阜郷土出版社・一九八八）
『新撰美濃志』岡田啓（一信社出版部・一九三一）
『美濃明細記』伊藤實臣（一信社出版部・一九三二）
『尾濃葉栗見聞集・岐阜市略』吉田正直（一信社出版部・一九三四）
『新定　源平盛衰記　第六巻』考定・水原一（新人物往来社・一九九一）

『現代語で読む歴史文学　完訳源平盛衰記　八』石黒吉次郎（勉誠出版・二〇〇五）
『神社明細帳』
『美濃国式内国史見在神社明細取調書』
『美濃国神名帳　比叡山兜卒谷鶏頭院所蔵』（岐阜県郷土資料研究協議会・一九七九）
『和漢三才図会　下巻』寺島良安（東京美術・一九七〇）
「聖蹟図志」『史料天皇陵』訳編・遠藤鎮雄（新人物往来社・一九七四）
『尾張名所図会　中巻』（愛知県郷土資料刊行会・一九七三）
『新訂日本名所図会集　東海道名所図会　上　京都・近江・伊勢編』秋里籬島（ぺりかん社・二〇〇一）
『張州史料 尾張国地名考 改定編』（東海地方史学協会・一九八六）
『三国地誌』編・藤堂元甫、訂・川井景一（豊住謹次郎・一八八八）
『三重県郷土資料叢書　第25集　勢陽五鈴遺響　1』著・安岡親毅、校・倉田正邦（三重県郷土資料刊行会・一九七五）
『三重県郷土資料叢書　第75集　勢陽五鈴遺響　2』著・安岡親毅、校・倉田正邦（三重県郷土資料刊行会・一九七六）
『三重県郷土資料叢書　第13集　勢陽雑記』著・山中為綱、校・鈴木敏雄・野田精一（三重県郷土資料刊行会・一九六八）

神社関連

『神社名鑑』神社本庁調査部（神社本庁神社名鑑刊行会・一九六三）
『愛知縣神社名鑑』（愛知県神社庁・一九九二）
『滋賀県神社誌』（滋賀県神社庁・一九八七）
『三重県神社誌』（三重県神社庁・一九九三）
『羽島郡神社誌』不破義信（一九五三）
『式内社調査報告　第七巻　東海道2』式内社研究会（皇學館大學出版部・一九七七）
『式内社調査報告　第十三巻　東山道2』式内社研究会（皇學館大學出版部・一九八六）
『日本の神々・神社と聖地　六　伊勢・志摩・伊賀・紀伊』谷川健一（白水社・一九九二）
『史話　日本の古代　別巻　古代人のコスモロジー』谷川健一（作品社・二〇〇三）

概説

『ヤマトタケル』吉井巖（学生社・一九七七）

『日本武尊』藤間生大（創元社・一九五三）
『日本武尊』上田正昭（吉川弘文館・一九七三）
『天翔る白鳥ヤマトタケル』小椋一葉（河出書房新社・一九八九）
『ヤマトタケるに秘められた古代史』崎元正教（けやき出版・二〇〇五）
『ヤマトタケル　―蘇える古代の英雄とその時代―』（熱田神宮・二〇〇三）
『埋もれたる　ちがまの郷』（二村又介・一九九一）

論文・論考など

『津田左右吉全集　第一巻』津田左右吉（岩波書店・一九八六）
『日本古代文学史』西郷信綱（岩波書店・二〇〇五）
「神話と叙事詩の時代」西郷信綱『日本古代文学史　改稿版』（岩波書店・一九八二）
「倭建の命は天皇か―古事記の用字法に即して」福田良輔『古代語文ノート』（南雲堂桜楓社・一九六四）
「ヤマトタケル物語形成に関する一試案」吉井巌『天皇の系譜と神話』（塙書房・一九六七）
「ヤマトタケルの物語と土師氏　―その終末部、白鳥飛翔の部分について―」吉井巌『天皇の系譜と神話』（塙書房・一九六七）
「倭建命天皇説に加える一徴証」吉井巌『天皇の系譜と神話　二』（塙書房・一九七六）
「ヤマトタケル系譜の意味」吉井巌『天皇の系譜と神話　二』（塙書房・一九七六）
「孤独の皇子ヤマトタケル」吉井巌『天皇の系譜と神話　二』（塙書房・一九七六）
「古事記の『倭建命物語』の構成をその歌謡をとおして考える」山路平四郎『古事記・日本書紀　Ⅱ』（有精堂出版・一九七五）
「ヤマトタケル白鳥伝説の一考察」前川明久『古事記・日本書紀　Ⅱ』（有精堂出版・一九七五）
「ヤマトタケル物語の伝承氏族（一）」金井清一『古事記・日本書紀　Ⅱ』（有精堂出版・一九七五）
「ヤマトタケル伝説の成立に関する試論　―言向和平の表記をめぐって―」砂入恒夫『古事記・日本書紀　Ⅱ』（有精堂出版・一九七五）
『ヤマトタケル伝説の研究』砂入恒夫（近代文芸社・一九八三）
「土師氏の研究　―古代的氏族と律令制との関連をめぐって―」直木孝次郎『日本古代の氏族と天皇』（塙書房・一九六四）
「ヤマトタケル伝説と伊勢神宮」直木孝次郎『日本古代の氏族と天皇』（塙書房・一九六四）
「倭建命＝倭武天皇論」水野祐『水野祐著作集　三　日本古代王朝史論各説　下』（早稲田大学出版部・一九九三）
『第二回春日井シンポジウム　ヤマトタケル―尾張・美濃と英雄伝説』森浩一・門脇禎二（大巧社・一九九五）
「美濃・尾張の鉄 そして渡来人―ヤマトタケルと壬申の乱と」細矢藤策『第四回 春日井シンポジウム』（大巧社・一九九七）

「海部郡と三河湾の考古学」赤塚次郎『海と列島文化 第八巻 伊勢と熊野の海』（小学館・一九九二）
「愛知県埋蔵文化財センター調査報告書　第10集　廻間遺跡」赤塚次郎（財団法人愛知県埋蔵文化財センター・一九九〇）
『熱田区の歴史』三渡俊一郎（愛知県郷土資料刊行会・二〇〇六）
「ヤマトタケル物語の『東方十二道』について」金井清一『論集上代文学　第二十六冊』（笠間書院・二〇〇四）
『直木孝次郎古代を語る　3　神話と古事記・日本書紀』直木孝次郎（吉川弘文館・二〇〇八）
『ヤマトタケル伝承序説』守屋俊彦（和泉書院・一九八八）
「日本武尊と成務天皇─系譜から見た伝説批判」神田秀夫『古事記の構造』（明治書院・一九五九）
「ヤマトタケル物語とタケル部」金井清一『論集上代文学 第五冊』（笠間書院・一九七五）
「不破の関をめぐる古代氏族の動向─近江国坂田郡と美濃国不破郡の氏族と神社」田中卓『田中卓著作集五』（国書刊行会・一九八五）
「郡司層の動向─ 村国連氏・各務勝氏・宮勝氏をめぐって─」宇都宮精秀『美濃・飛騨の古墳とその社会』（同成社・二〇〇一）
「式年遷宮 ヤマトタケルと白鳥神社─池田町白鳥神社─」『月刊西美濃わが街 No.119　特集＝失われた鉄王国を求めて（Ⅳ）』（一九八七）
「伊吹・根尾・鉄にかかわる地名の考察」『月刊西美濃わが街 No.112 特集＝失われた鉄王国を求めて（Ⅱ）』中村廣思（一九八六）
「ヤマトタケル伝承が語るもの」村上圭二（美濃文化総合研究会機関誌）
「明治期の能褒野墓治定と修補」『三重の古文化　第81号（通巻一一二号）』吉村利男編集・三重郷土会編集部（三重郷土会庶務部・一九九九）

市町村郡史

『新修名古屋市史　第一巻』新修名古屋市史編集委員会（名古屋市・一九九七）
『東海市史　通史編』東海市史編さん委員会（愛知県東海市・一九九〇）
『甚目寺町史』甚目寺町史編纂委員会（愛知県海部郡甚目寺町・一九七五）
『祖父江町誌』祖父江町教育会編纂委員（日昇堂書籍部・一九三二）
『祖父江町史』祖父江町史編さん委員会（祖父江町役場・一九七九）
『萩原町誌』（萩原町教育会・一九三〇）
『一宮市萩原町史』（萩原町史編纂委員会・一九六九）
『平田町史　上巻』森義一（平田町役場・一九六四）
『平田町史　下巻』森義一（平田町役場・一九六四）
『平田町史　史料編』（平田町・一九八四）
『海津町史　通史編　下』（海津町・一九八四）

『羽島市史　第一巻』羽島市史編纂委員会（羽島市役所・一九六四）
『羽島市史　第二巻』羽島市史編纂委員会（羽島市役所・一九六六）
『池田町史　通史編』（池田町・一九七八）
『不破郡史　上巻』（不破郡教育会・一九二六）
『不破郡史　下巻』（不破郡教育会・一九二七）
『垂井町史　通史編』（垂井町史編さん委員会・一九六九）
『新修垂井町史　通史編』（垂井町・一九九六）
『時村史』中西淳一（一九三一）
『藤原町史』藤原町町史編纂委員会（藤原町・一九九二）
『北勢町史』北勢町史編さん委員会（北勢町・二〇〇〇）
『改定 近江國坂田郡志　第一巻』坂田郡教育会（名著出版・一九七一）
『長浜市史　第1巻　湖北の古代』長浜市史編さん委員会（長浜市役所・一九九六）
『永源寺町史　通史編』永源寺町史編さん委員会（東近江市・二〇〇六）
『養老郡志』（岐阜県地方改良協会養老郡支会・一九二五）
『養老町史　通史編　上』（養老町・一九七八）
『養老町史　通史編　下』（養老町・一九七八）
『南濃町史　通史編』（南濃町・一九八二）
『多度町史』饗庭義門（多度町教育委員会・一九六三）
『多度町史　資料編三　近代・現代』多度町教育委員会（多度町・二〇〇三）
『桑名市史 本編』近藤杢、校補・平岡潤（桑名市教育委員会・一九八七）
『四日市市史 第五巻 史料編』（四日市市・一九九五）
『四日市市史　第十六巻 通史編』（四日市市・一九九五）
『鈴鹿市史 第一巻』鈴鹿市教育委員会（鈴鹿市役所・一九八〇）

地域解説書など

『愛知県の歴史散歩 上　尾張』愛知県高等学校郷土史研究会（山川出版社・二〇〇五）
『岐阜県の歴史散歩』岐阜県高等学校教育研究会地歴公民部会、地理部会（山川出版社・二〇〇六）

『滋賀県の歴史散歩 下 彦根・湖東・湖北・湖西』滋賀県歴史散歩編集委員会（山川出版社・二〇〇八）
『熱田神宮』（熱田神宮宮庁・一九八〇）
『一宮の文化財めぐり』一宮文化財保護審議会（一宮市教育委員会・一九九九）
『足近町歴史点描』（足近町地域づくり事業委員会・一九九三）
『城下町岩手の文化　第三部』柏正憲（一九八六）
『ふるさと伊吹探訪シリーズ　7　ヤマトタケルと伊吹山』（伊吹山文化資料館）
『秀真の里』（二〇〇八）
『南濃の歴史散歩』（南濃青年クラブ・一九七六）
『こものの文化財』菰野町教育委員会
『滋賀ふるさと散歩』（京都新聞社・一九八三）
『私たちの郷土 南濃町の今と昔』南濃町郷土誌編纂委員会（南濃町教育委員会・一九五六）
『海津にのこる文化遺産』海津郡教育振興会（一九八九）
『三重県史叢書　県史Q&A』（三重県生活文化部学事課県史編さん室・一九九八）

伝説

『愛知県伝説集』愛知県教育会（郷土研究社・一九三七）
『新編愛知県伝説集』福田祥男（名古屋泰文堂・一九六一）
『郷土のしらべ　愛知県伝説集　増補』福田祥男（名古屋泰文堂・一九七四）
『愛知県郷土読本』（尾張タイムズ社・一九六〇）
『美濃国羽島市の伝説と史談　前編』並河晴夫（カヨウ出版・一九七七）
『伊吹山麓口承文芸資料　一　伊吹町の民話』伊吹山麓口承文芸学術調査団（和泉書院・一九八三）
『ふるさと池田文庫　池田よもやま話』郷土史の会（池田町・池田町図書館・二〇〇一）
「むかしむかし　低学年用　池田町立宮地小学校六年」筆者・野原恒雄、語り手・野原勲
『湖北町昔ばなし』（湖北町教育委員会・一九八三）
『山東昔ばなし』山東昔ばなし編集委員会（山東町史談会・一九七七）
『桑名の伝説・昔話』近藤杢・平岡潤（桑名市教育委員会・一九六五）
『三重の伝説』三重県小学校国語教育研究会（日本標準・一九八一）

ヤマトヒメの巡幸
『幻の倭姫命の跡地考』真野文夫（一九九七）
『伊勢の神宮 ヤマトヒメノミコト御巡幸のすべて』大阪府神社庁（和泉書院・一九九三）

ノボノ墓
『ヤマトタケルを偲ぶ「東海道歴史文化回廊」ルートマップ①』（亀山市教育委員会・二〇〇八）
『第一七回企画展 近世「のぼの」考～江戸時代の人々が見たヤマトタケル墓～』（亀山市歴史博物館・一九九九）
『三重県郷土資料叢書 第30集 亀山地方郷土史 第一巻』山田木水（三重県郷土資料刊行会・一九七〇）
『白鳥塚1号墳』（鈴鹿市考古博物館・二〇〇六）

古墳
『新版 古市古墳群』（藤井寺市教育委員会事務局・一九九三）
『古市古墳群を歩く』（古市古墳群世界文化遺産登録推進連絡会議・二〇一〇）
『はびきのガイドマップ』羽曳野市観光協会
『平成23年度特別展 ヤマトタケルと白鳥』（鈴鹿市考古博物館・二〇一一）
『古墳とヤマト政権―古代国家はいかに形成されたか』白石太一郎（文芸春秋・一九九九）
「天皇陵のゆくえ」青山茂『日本発見 心のふるさとをもとめて 22 古墳の謎―埋もれた古墳権力の素顔』（暁教育図書・一九八一）
『前方後円墳集成 近畿編』近藤義郎編（山川出版社・一九九二）
『大和前方後円墳集成』奈良県橿原考古学研究所編（学生社・二〇〇一）

金属
『技術文明史の年輪―英知と技術と位置』井塚政義（六法出版社・一九八五）
『美濃の神々と鐵』（今津隆弘・二〇〇七）
『青銅の神の足跡』谷川健一（集英社・一九七九）

著者略歴

竹田 繁良（たけだ・しげよし）

1961年愛知県中島郡平和町（現稲沢市）生まれ。関西学院大学法学部卒業。大学卒業後、東京、ドイツなどで約20年間勤務ののち、愛知県へ帰郷。以来、高校の古文の授業で出合ってよりの念願だったヤマトタケルの足跡を求めて、伝承地を歩きはじめる。現在は、ヤマトタケルゆかりの地での講演活動を展開するとともに、伝承地巡りと並行して精力的に猟歩した文献、資料から読みとった研究の成果を世に問うべく、次回作を鋭意準備中。フリーライター。

イラスト　ウォームスクリエイト

伝承地でたどる　ヤマトタケルの足跡　改訂版
・尾張・美濃・近江・伊勢

2021年6月28日　初版1刷発行

著　　者　竹田 繁良

編集制作　樹林舎
〒468-0052　名古屋市天白区井口1-1504-102
TEL: 052-801-3144　FAX: 052-801-3148
http://www.jurinsha.com/

発 行 所　株式会社人間社
〒464-0850　名古屋市千種区今池1-6-13　今池スタービル2F
TEL: 052-731-2121　FAX: 052-731-2122
e-mail:mhh02073@nifty.com

印刷製本　モリモト印刷株式会社

©TAKEDA Shigeyoshi 2021, Printed in Japan
ISBN978-4-908627-74-3 C0026
＊定価はカバーに表示してあります。
＊乱丁・落丁本はお取り替えいたします。